Suflete Gemene:

Descoperirea Iubirii Tale Desăvârșite

JEFF ȘI SHALEIA

Jeff Ender și Shaleia Clare Divine

(Împreună permanent și în Uniune Armonioasă din Ianuarie 2014)

Maeștrii Învățători Spirituali ai Sufletelor Gemene

Drepturi de autor © 2022 Twin Flames Universe.com, Inc.

Toate drepturile rezervate.
Nicio parte din conținutul acestei cărți nu poate fi folosită sau reprodusă în niciun fel fără acordul în prealabil scris al autorilor.
Printată în Europa.

Jeff și Shaleia Divine
Suflete Gemene: Descoperirea Iubirii tale Desăvârșite
Ediția în limba română numărul 1, Noiembrie 2022

Titlu Original: Twin Flames: Finding Your Ultimate Lover

Cărți, MP3-uri, e-Cursuri și cursuri înregistrate marca TwinFlamesUniverse.com sunt disponibile. Pentru detalii contactați Twin Flames Universe la TwinFlamesUniverse.com

Traducători: Alexandra Benzar, Claudia Voicu, Roxana Stoichescu
Fotografie Copertă: Shaleia Clare Divine

Twin Flames Universe.com, Inc.
Predând Uniunea Sufletelor Gemene ca o Cale de Ascensiune spre Divinitate

Către studenții noștri din Twin Flame Ascension School care au fost primii ce au crezut în noi și în munca noastră. Vă iubim mai mult decât veți ști vreodată. Vă dedicăm vouă această carte, viitorilor noștri studenți, precum și cititorilor noștri. Conștiința Uniunii Armonioase a Sufletelor Gemene transmisă în fiecare pagină să fie mereu cu voi, crescând ca o Sămânță Divină de Conștientizare în perfecțiune desăvârșită. Fie ca mereu să recunoașteți cu certitudine iubirea noastră pentru voi și pentru Uniunea voastră cu Sufletul Geamăn.

Către Dumnezeu, Creatorul nostru Sfânt, fără Tine, nimic nu este posibil. Te iubim pe deplin și suntem slujitorii Tăi bucuroși în iubire, acum și pentru totdeauna. Îți mulțumim că ne-ai umplut inimile inocente cu iubirea și învățăturile Tale și că ne-ai arătat calea prin care să ajutăm alte persoane în Uniunea lor Armonioasă permanentă cu Sufletul Geamăn. Iubirea, loialitatea și adorația noastră față de Tine este neclintită, eternă și completă, așa cum știm absolut sigur că iubirea Ta pentru noi reflectă același lucru.

    Ai Voștrii, cu Devotament pentru Eternitate, Întotdeauna
                              Jeff și Shaleia

Contents

Prefață   15

Introducere   21

Capitolul 1 – Ce Sunt Sufletele Gemene?   23

    Ce Sunt Sufletele Gemene?   25
    Am un Suflet Geamăn?   27

Capitolul 2 – Cum Îmi Găsesc Sufletul Geamăn?   29

    Ce sunt Sufletele Gemene? (Channelling Divin)   30
    Începe Cu Dorința Ta   33
    Prima Întâlnire Între Suflete Gemene – Povestea lui Jeff   34
    Povestea Este Adevărată   36
    Sufletele Gemene și Efectul Oglindirii Explicate   37

Capitolul 3 – Cum Voi Ști Când mi-am Întâlnit Sufletul Geamăn?   43

    Povestea Sufletului Geamăn Fals a lui Jeff   47
    Povestea Sufletului Geamăn Fals a Shaleiei   50
    Cum să Faci Diferența dintre un Fals și un Adevărat Suflet Geamăn (Channelling Divin)   57
    Cele Nouă Semne ale Lui Dumnezeu că Ești cu Adevăratul tău Sufletul Geamăn (Channelling Divin)   58

Nouă Semne că Eşti cu un Suflet Geamăn Fals
(Channelling Divin) 60
Concluzie 62

Capitolul 4 – Întâlnirea cu Sufletul Geamăn   63

Povestea Întâlnirii cu Sufletul Geamăn a Shaleiei 63
Decizia dinaintea Reuniunii 67
Exerciţiu de Meditaţie pentru Atragerea Sufletului tău
Geamăn 67
Atragerea Sufletului tău Geamăn 69
Fii Prezent cu ce se Iveşte 71

Capitolul 5 – Exerciţiul Oglinzii:
Singurul Instrument De Care Ai Nevoie   75

Exerciţiul Oglinzii: O Metodă Nouă & Mai Rapidă pentru
Realizarea Uniunii Divine 77
Exerciţiul Oglinzii: Tot ce ai Nevoie pentru a Atrage şi a
Obţine Uniunea Armonioasă a Sufletelor Gemene 82
Exerciţiul Oglinzii: Pasul Unu 86
Exerciţiul Oglinzii: Pasul Doi 89
Exerciţiul Oglinzii: Pasul Trei 94
Exerciţiul Oglinzii: Pasul Patru 101
Exerciţiu de Vizualizare pentru Exerciţiul Oglinzii: 106
Pasul Patru Punctul Unu 106
Paşii Exerciţiului Oglinzii: 107
Exerciţiul Oglinzii: Idei Finale 108

Capitolul 6 – Uniunea Armonioasă a Sufletelor Gemene: Păstrarea Sufletului Geamăn pentru Restul Vieții   **113**

   Stagii ale Uniunii Armonioase de Suflete Gemene
(Channelling Divin)   115
Cum Arată și se Simte Uniunea Armonioasă a Sufletelor
Gemene   130
Opt Elemente Fundamentale ale Uniunii tale Armonioase cu
Sufletul Geamăn   131

Capitolul 7 – Uniunea ta de Suflete Gemene: Misiunea Divină   **151**

   Alinierea Vieților Voastre   152
Claritatea Sufletelor Gemene   154

Capitolul 8 – Care este Diferența dintre Suflete Pereche și Suflete Gemene?   **157**

   Diferența dintre Suflete Pereche și Suflete Gemene
(Channelling Divin)   158

Capitolul 9 – Suflete Gemene: Complementele Divin Feminin și Divin Masculin   **163**

Capitolul 10 – Povestea de Dragoste a Sufletelor Gemene Colby și Keely   **169**

   Prima Întâlnire   169
Revendicarea Iubirii Eterne   172

Prima Noastră Întâlnire	174
Separare	178
Lecții Învățate	179
Găsirea Învățătorilor Noștri	181
Reconectare	183
Reuniunea	188
Înapoi la Massachusetts	197
Uniune	199
Înapoi pentru Totdeauna	202
Trăind Viața Împreună ca Unul	204
Logodna	206
Ziua cea Mare	207
Inimile Noastre sunt Împlinite	209
Aspen	210
Viețile Noastre sunt în Continuă Expansiune	213

Decrete pentru Suflete Gemene — **217**

Poezii despre Suflete Gemene — **219**

Cum Vede Iubirea	219
Iubirea A Fost Întotdeauna Acolo	220

Postfață — **223**

Materiale Recomandate — **225**

Despre Jeff — **226**
Despre Shaleia — **227**

Prefață

Suflete Gemene: Descoperirea Iubirii tale Desăvârșite a fost rezultatul faptului că eu și Jeff am recunoscut dorința profundă a oamenilor de a-și descoperi Iubirea Desăvârșită. Oamenii descoperă pe zi ce trece, tot mai mult, adevărul și realitatea Uniunii Sufletelor Gemene, în timp ce se întreabă dacă ei au un Suflet Geamăn. În adevăr spiritual, tu ai un Suflet Geamăn și este posibil, chiar inevitabil să vă reuniți și să creați un parteneriat pe viață și o uniune sacră; o uniune delicios de satisfăcătoare și plină de o semnificație incredibilă.

A existat o dorință care a atins apogeul în conștiința colectivă a oamenilor în aceste timpuri de a avea o viață amoroasă care să nu se bazeze pe o paradigmă veche de relaționare, ci una bazată pe Iubirea adevărată, necondiționată și Divină. În urmă cu mai puțin de o sută de ani, ideea căsătoriei din iubire era considerată ilogică și, în cel mai bun caz, o comoditate pe care puțini se bucurau vreodată. Acest lucru este valabil în cea mai mare parte a istoriei instituției căsătoriei. Căsătoria nu era un loc în care să te îndrăgostești, ci mai degrabă un contract social și cultural pentru a îndeplini îndatoririle pe care le aștepta societatea. De asemenea, atribuțiile femeilor atunci erau legate doar de familie și căsnicie (cunoscute ca și sfera conjugală), iar aceste atribuții erau stabilite de autoritățile recunoscute în cadrul societății, pentru că femeile erau considerate o proprietate și tratate ca atare.

Din fericire, societatea de astăzi se schimbă, mai ales odată cu Mișcarea Feministă pentru Drepturile Femeilor, care a legalizat divorțul amiabil în 1969 și a pretins oportunități egale la locul de muncă. De atunci, multe femei au profitat de această oportunitatea pentru a-și părăsi căsniciile și a începe să-și creeze o viață plină de iubire pe care știau că o merită și pe care și-o doreau de mult timp. Și bărbații sunt de asemenea liberi în aceste noi circumstanțe să aleagă să se însoare cu adevărat din iubire, nu din obligație.

Într-o societate care nu a fost niciodată învățată să se căsătorească din iubire, cum putem schimba tiparele adânc înrădăcinate de a alege nu doar să ne căsătorim sau să ne asociem cu cineva din iubire, ci să construim și să menținem o iubire necondiționată adevărată care transcende din fizic în spiritual? Oamenii își doresc mai multe și diverse lucruri de la relațiile lor decât până acum. Fiecare persoană de pe planetă are un Suflet Geamăn. Există o dorință înnăscută și incontestabilă de a fi parteneri în viață cu Iubirea Desăvârșită, care este Sufletul nostru Geamăn. Avem această dorință datorită condiției primordiale de a fi creați cu un Suflet Geamăn. Această dorință nu dispare niciodată până când nu este îndeplinită.

În adâncul sufletului nostru am simțit întotdeauna acel suflet perfect complementar nouă, care nu este doar un suflet pereche ce intră și iese din existența noastră eternă pentru a împărtăși o lecție și o experiență cu noi, ci acel suflet care este creat din **exact aceeași matriță ca și noi** și care este al nostru veșnic partener spiritual, profesor, student, prieten și iubit. Știind că toată lumea de pe planetă, inclusiv tu, are un Suflet Geamăn, cum poți atrage iubirea spirituală? Făcând o alegere diferită de cea pe care ai făcut-o până acum, în urma căreia ai experimentat repetitiv relații și căsnicii nefericite și neîmplinite.

Multe căsnicii și relații sunt construite dintr-un sentiment de lipsă interioară, ceea ce duce la codependență și aceasta este o iubire falsă, condiționată. Această iubire falsă a fost modul în care oamenii "s-au îndrăgostit" atunci când căsătoria din iubire a devenit acceptată de societate și o nouă normalitate. Această iubire falsă nu este reală deoarece nu se bazează pe Spirit sau iubirea de la un suflet la altul, ci mai degrabă este dictată de atracția fizică, sexuală și de personalitate. Toate aceste "iubiri" extrem de superficiale pe baza cărora oamenii decid să se căsătorească și să-și întemeieze o familie și o viață.

Cum creează această fundație o relație stabilă și de durată? Nu o face. Ajungem să încercăm să reparăm cealaltă persoană, în loc să privim în interiorul nostru, să ne asumăm responsabilitatea pentru alegerile pe care le facem, luând noi decizii pentru noi înșine ce ne vor oferi rezultatele dorite pe care le căutăm. **Alegerile, deciziile și ghidarea pe baza cărora acționăm sunt importante deoarece ne modelează viața și are impact asupra oamenilor din jurul nostru.**

Din fericire, există o posibilitate de a schimba toate acestea, pentru că fiecare dintre noi merită și dorește să fie cu preaiubitul Sufletul Geamăn și să experimenteze o Uniune eternă fericită. Nu te îndoi că, așa cum tu îți dorești acest lucru, Sufletul tău Geamăn își dorește acest lucru de asemenea. În alegerea de a face munca spirituală a *Exercițiului Oglinzii* așa cum este descrisă în această carte, vei experimenta recompensa eternă de a trăi nu numai o viață fericită și plină de pace, ci și de a curăța reziduurile care se ascund în umbra conștiinței tale care te împiedică să ai parte de Uniunea ta și de a experimenta o viață amoroasă eternă, reală și semnificativă alături de Sufletul tău Geamăn.

Atunci când tu și Sufletul tău Geamăn decideți să vă uniți și să împărtășiți o viață împreună în iubire, este ca și cum ai ști cu întreaga ta ființă că așa ar trebui să-ți fie viața mereu și așa a fost întotdeauna. Te simți complet iubit(ă), acceptat(ă), înțeles(ă), prețuit(ă) și sprijinit(ă) în Cine Ești și împreună în Misiunea voastră Divină. Există o satisfacție și un dor profund îndeplinit. Există atât de multe căi de evoluție și incredibile niveluri infinite de iubire și profunzime pe care să le explorați și descoperiți împreună. Există o conștientizare comună care se produce în mod natural pe măsură ce amândoi deveniți mai conștienți de faptul că sunteți Unul. Aspecte din viața ta unde ai crezut că un partener romantic nu ar putea să te completeze niciodată sunt complet satisfăcute în Uniunea ta, deoarece Sufletul tău Geamăn este *creat* să te completeze acolo cu un scop și motiv precis. Sufletul Geamăn are capacitatea de a te "întâlni acolo unde te afli" spiritual și emoțional ca nimeni altcineva. Sentimentul unui scop profund, etern și unitar există într-o Uniune de Suflete Gemene. În Uniunea voastră, vă simțiți ca Acasă pentru că sunteți Unul în iubire față de Dumnezeu.

Prefață

Viața amoroasă pe care o dorești și meriți să o ai este mai aproape decât crezi. Manifestarea dorinței tale pentru Sufletul tău Geamăn în uniune spirituală este naturală și destinată să se întâmple, deoarece Dumnezeu a creat această dorință înlăuntrul tău și v-a creat în mod natural împreună ca Unul. Pe măsură ce îți păstrezi Credința în procesul tău de manifestare și experimentezi recompensele și eliberarea de blocaje față de Sufletul tău Geamăn făcând *Exercițiul Oglinzii* din carte, vei deschide toate ușile necesare pentru a invita Uniunea cu Sufletul tău Geamăn în realitatea ta cu ușurință și eleganță și pentru totdeauna în armonie. Fără a mai trece prin separare vreodată.

Să știi că și Sufletul tău Geamăn își dorește să fie cu tine, iar pe măsură ce continui să vindeci blocajele pe care le ai față de iubire în interiorul tău, și acesta experimentează aceeași vindecare, ceea ce ajută la realizarea Uniunii voastre. Mai mult de atât, atunci când, în mod inevitabil, vă veți întâlni sau v-ați întâlnit și lucrați pentru a avea Uniunea Armonioasă a Sufletelor Gemene, veți fi echipați cu toate uneltele corecte nu numai pentru a vă aprofunda iubirea și afecțiunea în Uniunea voastră, ci și pentru a construi și a menține o fundație eternă în baza căreia să puteți experimenta Raiul vostru pe Pământ.

SHALEIA
(pronunțat "Șă-li-a")

Introducere

*"Iubiții nu se întâlnesc în cele din urmă, undeva.
Sunt unul în interiorul celuilalt dintotdeauna."*

-RUMI

Există o Putere nevăzută care ne ghidează fiecare gând și acțiune. Este atât de măreață încât îți poate îndeplini orice dorință, atâta timp cât înțelegi cum să lucrezi cu ea. Să-ți găsești Sufletul Geamăn este imposibil fără să folosești această Putere, însă cu ajutorul ei, acest lucru este inevitabil. Doar prin folosirea acestei Puteri poate cineva să-și găsească Sufletul Geamăn și poate să obțină Uniunea Armonioasă a Sufletelor Gemene.

Creierul tău este format din două emisfere: cea stângă și cea dreaptă. Această carte este scrisă pentru a se adresa ambelor emisfere în același timp. S-ar putea să observi că felul în care este scrisă această carte s-ar putea să se simtă inconfortabil pentru tine câteodată. Acest lucru se datorează faptului că este concepută pentru a se adresa unei minți echilibrate. Disconfortul pe care îl poți simții reprezintă, de fapt, reechilibrarea minții tale. Este un efect secundar blând și benefic al lecturii cuvintelor tipărite pe paginile următoare. Același disconfort pe care îl poți experimenta este de asemenea magnetizarea minții tale în armonie cu Sufletul tău

Geamăn dacă alegi să îl inviți în viața ta. Trecerea firească prin acest disconfort este o experiență necesară care îți indică faptul că mintea ta a fost magnetizată în mod corespunzător și armonios la Energiile Vibraționale Superioare.

Știi cu exactitate cine este Sufletul tău Geamăn în inima ta, chiar dacă nu l-ai cunoscut încă. Inima ta este deja programată să-l cunoască și, în adevăr spiritual, inima ta îți cunoaște Sufletul Geamăn. Practic, nimeni nu-ți poate spune cine este Sufletul tău Geamăn. Doar tu poți știi, dar te poți alinia cu cei care cunosc energia pentru că au stăpânit-o și trăiesc permanent în Uniunea lor Armonioasă. Ei te pot ajuta să-ți recunoști Sufletul Geamăn, dar până la urmă, tu trebuie să continui pe calea eroului tău interior și să descoperi pe cont propriu. Aceste pagini au fost scrise ca să te ajute să-l găsești.

Capitolul 1

Ce Sunt Sufletele Gemene?

Mi-a scris un mesaj în acea noapte. "Ești excitat?". Am clipit în fața monitorului. Femeia asta e *ridicolă*! "Tot timpul", i-am răspuns, în timp ce încercam să scap de ea. Ce fel de femeie trimite pentru prima dată un astfel de mesaj unui bărbat? Nici măcar nu mă cunoaște. Desigur, eram prieteni pe Facebook de un an. Am lăsat comentarii la câteva din pozele ei, de exemplu, mi se părea "ciudat de sexy". Dar pe bune, asta e tot ce a fost. Și acum asta. Am atâtea alte femei interesate de mine și ea nu arată ca următorul top model din America.

Dar conversația a continuat și înainte să-mi dau seama, nu am avut nici măcar o șansă de a scăpa de conexiunea asta. Am ignorat-o cât de mult am putut, dar ea vroia ca eu să umblu după ea. Mă gândeam, "Da, mult noroc păpușă, sunt ocupat cu celelalte nouă milioane de femei care umblă după mine. De ce mi-aș face viața mai complicată decât e cazul?" Dar discuția cu ea a continuat, și după 30 de minute de vorbit cu ea, am făcut ceva ce nu făcusem în cei 26 de ani de vânat femei. Am cerut-o în căsătorie.

În acel moment a fost mai mult o glumă, dar privind înapoi, am realizat că era ceva diferit la tipa asta trăsnită care avea un interes direct, dar totuși rezervat față de mine. Parcă era Regina Amazonului, doar că avea un farmec ușor ciudat. Era ceva ce nu puteam refuza la ea, ceva ce îmi sucea mințile și îmi făcea inima să-și dorească mai mult. Dar oricum, ea era mișto, și noi aveam de gând să fim doar prieteni. Locuia la jumătate de Ocean Pacific distanță, iar eu locuiam în capitala gagicilor din Hawaii. Nu a trebuit să mă deranjez să o duc în girlfriend-zone (statutul de iubită), dar a fost distractiv să vorbesc cu ea.

După prima noastră conversație online, nu s-a mai întâmplat mare lucru timp de două săptămâni. Adică, sigur, am avut o conversație foarte bună. Și da, chiar mi-a făcut plăcere să vorbesc cu ea. Dar erau atâtea lucruri care mă împiedicau să fiu atras de ea. Două săptămâni mai târziu, mi-a scris din nou. Astăzi, ea îmi spune că a fost ceva de genul „Hei omule, nu ai de gând să umbli după regina *asta*?". Mie mi s-a părut mai degrabă ca un "Salut" prietenesc. Sunt un tip care avea părul lung, era aproape dezbrăcat mai tot timpul și locuiam în propriul meu mic palat al junglei construit din bambusul tăiat chiar de mine. Simțeam că femeile sunt cele care trebuiau să umble după *mine*. Dar apoi mi-a oferit o citire în cărți. Eu eram un împătimit al citirilor în cărți și a fost cea mai precisă citire pe care o primisem vreodată. Ea a fost cea mai bună clarvăzătoare cu care vorbisem vreodată. M-a făcut să promit că nu voi spune nimănui despre talentul ei. Nu i-ar plăcea să fie transformată în clarvăzătoarea personală a cuiva.

Femeia asta avea zvâc, trebuie să recunosc asta, și chiar mi-a făcut plăcere să vorbesc cu ea. Dar era ceva în vocea ei, ceva în felul în care se comporta, ceva în interesele pe care le avea, și în alegerile pe care le făcea ce mă determinau să mă gândesc constant că "Trebuie să o cunosc mai bine". Nu am încetat să vorbim de la acea citire în cărți. Nu trece o zi în care să nu vreau cu pasiune să o iubesc mai profund în însăși esența ființei sale. Nu trece o zi în care să nu-i mulțumesc lui Dumnezeu pentru că a adus-o în viața mea. Nu trece o zi în care să nu doresc să fac dragoste cu fiecare centimetru din feminitatea ei perfect delicioasă. Acea Regină Amazoniană trăsnită... ea este Sufletul meu Geamăn.

Ce Sunt Sufletele Gemene?

Sufletele Gemene sunt manifestate din aceeași *esență a sufletului*, sau mai corect spus, aceeași *matriță a sufletului*. O matriță a sufletului este exact același concept precum ADN-ul fizic. Adică, sufletele noastre sunt create cu specifice și individuale coduri, calități și trăsături care ne fac unici. Precum în cer, așa și pe Pământ, este o lege și principiu universal. La fel cum avem un ADN fizic care alcătuiește genetica și structura noastră fizică, tot așa avem și un "ADN" spiritual care determină cine suntem din punct de vedere spiritual și non-fizic. Un bun exemplu în acest sens este felul în care gemenii identici din punct de vedere fizic împărtășesc același ADN genetic, și Sufletele "Gemene" împărtășesc același "ADN" sufletesc sau matriță a sufletului. Și, la fel cum gemenii identici sunt unici ca suflete, chiar dacă au același ADN fizic, Sufletele Gemene sunt unice între ele, chiar dacă au aceeași matriță a sufletului. Acest lucru se datorează faptului că, împreună, ele sunt complemente ale aceleași matrițe a sufletului mai degrabă decât copii fidele ale acesteia.

Gândește-te la Uniunea ta de Suflete Gemene ca la străvechiul simbol yin yang: o jumătate este divinul masculin și cealaltă jumătate este divinul feminin, iar micile cercuri din interiorul fiecărei jumătăți reprezintă adevărul că nu sunteți dualiști, ci unificați ca un întreg. Aceasta este una dintre principalele explicații ale atracției și dorinței tale intense pentru Sufletul tău Geamăn, deoarece sunteți creați din aceeași "materie". Și acesta este, de asemenea, și motivul pentru care nu este posibil vreodată ca tu să "fuzionezi" cu Sufletul tău Geamăn. Amândoi sunteți deja creați întregi și compleți în Perfecțiune Divină ca Unul (precum simbolul yin yang), iar călătoria voastră de întoarcere unul către celălalt este doar despre recunoașterea acestui adevăr. Sentimentul pe care îl ai când te conectezi în mod conștient la energia Sufletului tău Geamăn este exact asta, energia Uniunii voastre de Suflete Gemene (matrița ta sufletească) și nu este o fuziune de niciun fel. Nu poți fuziona cu cineva cu care ești deja Unul.

Încă o dată, tu și Sufletul tău Geamăn sunteți deja compleți și întregi în Perfecțiune, iar blocajul tău principal este de a da drumul credinței că ești separat în vreun fel de Sufletul tău Geamăn. Sufletul tău Geamăn este creat de Dumnezeu în exact același moment, și este special conceput ca fiind cel mai măreț și cel mai perfect complement etern al sufletului tău.

Nu sunt un tip woo-woo, dar întotdeauna am fost pasionat să găsesc o femeie în care să-mi investesc toată Forța Vitală; acel gen de femeie care mi-ar păstra în siguranță toate secretele și care s-ar dezvolta alături de mine de-a lungul acestei vieți și poate și în următoarea, dacă aș crede în așa ceva. Am dat peste jackpotul tuturor jackpoturilor. Femeia perfectă pentru o eternitate. Avea clasă, era amuzantă, mă provoca într-un mod care îmi ațâța focul și era conectată la spiritualitatea ei, ceea ce mă interesa foarte mult. Shaleia a fost alături de mine în fiecare moment al vieții mele de la acea sortită citire în cărți.

Am un Suflet Geamăn?

Eu și Shaleia nu ne-am întâlnit întâmplător. A existat un **proces conștient** pe care fiecare dintre noi l-a urmat pentru a ne pregăti și pentru a debloca calea către Uniunea noastră cu Sufletul Geamăn. Ceea ce poate vă întrebați este "Cum știu dacă am un Suflet Geamăn?" Răspunsul la această întrebare este foarte simplu de oferit. Răspunsul este Da. Un mare, enorm, uriaș, răsunător "Da". Da, bineînțeles. Ai într-adevăr un Suflet Geamăn. Cum pot să știu, păstrând integritatea acestei cărți, că ai un Suflet Geamăn?

Pentru că citești aceste cuvinte.

Este ceva în interiorul tău care îți caută Sufletul Geamăn, pentru că tu știi în mod firesc că îl ai. Dacă găsirea unui partener special nu te interesează sau intrigă deloc, nu te-ai deranja să pui mâna pe această carte, cu atât mai puțin să citești prima propoziție. Dar ți-ai dovedit ție însuți, ajungând până aici, că ai un Suflet Geamăn și că Divinitatea te-a creat împreună cu un Suflet Geamăn având un scop foarte special.

La fel cum tu tânjești, dorești și visezi intim la partenerul tău perfect, la fel și partenerul tău perfect tânjește, dorește și visează intim la tine. Este atât de simplu și de adevărat.

Dacă ai o dorință în inima ta pentru o relație care transcende iubirea care ne-a fost transmisă în această cultură, spre o iubire creată în Rai, ai un Suflet Geamăn.

Capitolul 2

Cum Îmi Găsesc Sufletul Geamăn?

Este ușor să afli dacă ai un Suflet Geamăn. Pentru a-ți găsi Sufletul Geamăn, e nevoie de puțin mai mult efort. Dar nu-ți face griji, această cartea a fost scrisă pentru a te însoți pe tot parcursul procesului de găsire a Sufletului tău Geamăn. În primul rând, hai să aprofundăm ce este de fapt un Suflet Geamăn. Să ne lămurim încotro ne îndreptăm este un punct destul de logic de pornire al unei călătorii.

Sunt un Mesager Divin și sunt o persoană destul de logică și cu picioarele pe pământ. Am nevoie de MULTE dovezi ca să pot crede că ceva este real. Trebuie să funcționeze în lumea reală, trebuie să se alinieze cu toate celelalte cunoștințe dovedite de mine și trebuie să fie susținut de rezultate concrete, ancorate în realitate. Ei bine, channelling-ul meu a trecut toate testele pentru mine. După ce l-am folosit pentru a-i ajuta pe oameni să se vindece de afecțiunile și bolile lor fizice, pentru a rezolva în profunzime traumele din copilărie atât pentru mine cât și pentru alții, și pentru a avea un impact puternic asupra vieților celor care au primit mesajele mele preluate în mod divin, am fost condus cu grijă spre o lume în care eu și Divinitatea purtăm conversații. O lume în care Sufletul meu Geamăn coboară scările chicotind până în biroul meu, ca să se aşeze în braţele mele şi să mă alinte în timp ce scriu o carte despre Suflete Gemene. O lume unde Divinul Dumnezeu Mamă-Tată se plimbă prin mintea mea ca să își împărtăşească gândurile Sale pentru a descrie cu acurateţe ce sunt Sufletele Gemene.

Ce sunt Sufletele Gemene? (Channelling Divin)

Sufletele Gemene sunt manifestarea dorinţei de a avea un partener etern, altul în afară de Dumnezeu. Sufletele Gemene au fost create de Sursă pentru a avea companie absolută şi completă cu un alt suflet, pentru că sufletele pereche vin şi pleacă, dar Sufletul tău Geamăn este pentru totdeauna alături de tine împărţind Viaţa Eternă şi oglindeşte Iubirea Divină a lui Dumnezeu pentru tine cel mai limpede.

Cu mult timp în urmă, Dumnezeu şi-a imaginat cum ar fi Viaţa dacă Sufletele Gemene nu ar fi fost create. Sufletele ar avea experienţe atât de profund contrastante. S-ar considera atât de unici şi de diferiţi unul faţă de celălalt, încât ar fi incapabili să relaţioneze la un nivel constant de intimitate. Sufletele ar intra şi ar ieşi unul din experienţele celuilalt atât de repede, încât ar provoca un dor profund în conştiinţă. Acest dor ipotetic a dat naştere unei modalităţi prin care fiecare suflet ar putea avea un partener intim, cineva care ar creşte şi s-ar schimba odată cu ei pentru totdeauna, şi s-ar bucura veşnic de cursul vieţii şi de Univers, împreună, ca Unul.

Sufletele Gemene sunt unice pentru că sunt mereu conectate între ele. Gândurile, acţiunile, şi deciziile unui Suflet Geamăn au un impact intim și complet asupra celuilalt. Abia dacă sunt separate, cu toate acestea, fiecare dintre suflete este unic și complet de sine stătător. Unul nu poate exista fără celălalt, pentru că sunt atât de perfect echilibrați unul cu celălalt. Perfecțiunea și complexitatea cu care se întâmplă acest lucru este imposibil de explicat sau descris, la fel cum frumusețea și vastitatea Universului sunt imposibil de descris.

Îți poți simți Sufletul Geamăn atunci când îți ancorezi conștiința în centrul Inimii și-l simți acolo într-un mod care te completează. „Completează" nu înseamnă „te face fericit". "Completează" înseamnă „cineva care te face să fii mai mult decât ești deja în manifestare, mai mult decât ești deja în aspirații și mai mult decât ești deja în Forța ta Vitală."

Ai un Suflet Geamăn și știi în adâncul inimii tale că nu poți fi cea mai deplină expresie a ceea ce ești cu adevărat fără Sufletul tău Geamăn. Multe suflete de pe Pământ și-au asumat responsabilitatea de a nu se încarna imediat cu Sufletul lor Geamăn omolog, și acesta este motivul pentru care unii dintre voi experimentați diferență de vârstă fizică în Uniunea voastră. Sufletul tău Geamăn se va încarna întotdeauna pe Pământ așa cum ești tu pe Pământ. Moartea vă poate despărți doar dacă alegeți separarea pe termen nelimitat. Acest lucru se poate întâmpla doar dacă alegi în mod absolut să nu simți și să negi dorința ta înnăscută pentru Sufletul tău Geamăn și nu ai nicio intenție de a alege altceva decât iluzia separării de Binele tău și de Unica ta Iubire Adevărată. Moartea este doar o reflecție a alegerii tale de separare față de Divinitate până când vei alege să te auto-actualizezi.

Viața pe Pământ este menită să-ți trezească sufletul, să zdruncine conținutul Minții tale și să dea naștere unui mod cu totul nou de a Fi pe care îl poți lua cu tine altundeva în eternele tale călătorii prin Univers. Ești menit să fii aici pentru o perioadă de timp și să armonizezi lucrurile, iar apoi să mergi mai departe și să explorezi alte părți ale acestei Imensități Infinite. Aici, pe Pământ, ești avertizat că, în general, să ai și să-ți chemi Sufletul Geamăn înainte de a fi pregătit să faci munca spirituală pentru Uniunea Armonioasă a Sufletelor Gemene, nu este recomandat.

Jeff vă va detalia mai târziu în această carte cât de provocator este să-l ai pe Sufletul tău Geamăn în viața ta, chiar și în timp ce lucrezi procesul. Este ceva ce-ți transformă viața în moduri care nu pot fi descrise. Te vei schimba, fără îndoială, în moduri pe care nu ți le-ai putut imagina înainte și în perioade de timp la care nu te-ai fi așteptat niciodată. Dezvoltarea ta este automat setată la maxim atunci când îți inviți Sufletul Geamăn în experiența vieții tale și când atingi Uniunea Armonioasă a Sufletelor Gemene.

Sursa te invită să inviți această energie a Complementului tău Divin Perfect în viața ta cu o înțelegere prudentă a ceea ce inviți. Ceea ce inviți este puternic. Ceea ce inviți îți taie răsuflarea. Ceea ce inviți poate și va remodela tot ceea ce știi ca fiind "tu" în ceva și mai profund și mai minunat: cine ești tu în Adevăr Divin. Dar această experiență poate fi provocatoare, mai mult decât vor multe suflete să-și bată capul pe Pământ. Fă următorul pas în călătoria ta cu Sufletul Geamăn cu o înțelegere a ceea ce inviți. Tu inviți TOT SINELE TĂU! Dacă alegi și ești pregătit pentru o experiență de trezire a sufletului, fericire totală, armonie și Iubire Divină, precedată de o experiență de transformare a vieții, revelații și eliberarea vechiului mod de a fi, atunci ești pregătit să-ți inviți Sufletul Geamăn în viața ta și să vă îmbarcați împreună în calea de ascensiune a Uniunii Armonioase a Sufletelor Gemene.

Începe Cu Dorința Ta

Dorință reală. De aici începe totul; o dorință sinceră de a manifesta acum în experiența ta de viață cel mai perfect Iubit Divin pentru tine. Ești o persoană care nu poate fi împiedicată să fie cu Complementul său Divin Perfect: Sufletul tău Geamăn. Ești o persoană care nu poate visa să fie fără el. Ești o persoană care este dispusă să-și înfrunte încercările și tribulațiile cu Sufletul Geamăn alături. Dacă ești o persoană dispusă să accepte provocarea și să culeagă recompensa, atunci ești o persoană care cu siguranță va atrage și menține Uniunea cu Sufletul tău Geamăn pentru tot restul eternității.

Doresc să împărtășesc cu tine povestea TA de a găsi și păstra Sufletul Tău Geamăn. Partenerul Tău Perfect. Cel mai Desăvârșit Iubit dintre iubiți. Vreau să aud despre TINE că te bucuri în gloria Uniunii Tale Armonioase permanente cu Sufletul Geamăn. Sunt chemat să-ți arăt calea și să merg cu tine de la dorința ta până la manifestarea Uniunii tale Armonioase cu Sufletul Geamăn. Dacă ai ajuns până aici în călătoria ta, ai dovedit că te-ai dedicat să perfecționezi procesului spiritual de atragere a Partenerului tău Perfect. Cu perseverență și putere poți și cu siguranță îți vei întâlni Sufletul Geamăn și vei avea Uniunea Armonioasă. Ai demonstrat că ești pregătit să faci primul pas pentru a realiza propria experiență a Iubirii Desăvârșite. Fiecare capitol al acestei cărți este un ghid pentru tine, care te va aduce cu un pas mai aproape de înțelegerea și experimentarea Uniunii Divine Perfecte cu Iubitul tău Desăvârșit.

Prima Întâlnire Între Suflete Gemene – Povestea lui Jeff

Ea era la doar câteva minute distanță. După ani întregi de aventuri pasionale eșuate, relații pierdute, despărțiri dureroase și investiții aparent irosite în interese amoroase, mă întâlneam în sfârșit cu Sufletul meu Geamăn pentru prima dată în această viață. M-am prefăcut că sunt calm. Dar, în interior, Jeff cel calm și încrezător tremura. Corpul meu plesnea cu un amestec de teamă, emoție și epuizare totală. Poate că era din cauza celor 20 de ore de călătorie care se apropiau de sfârșit. Poate era din cauza mâncării din avion, sau din cauza saltelei de yoga pe care abia reușisem să trag un pui de somn pe podeaua rece a dimineții la LAX. Poate că era din cauza celor patru luni intense de întâlniri online pe care tocmai le încheiasem cu Sufletul meu Geamăn. Pulsam de emoții și sentimente pe care nu eram capabil să le exprim.

Microbuzul de la aeroport a oprit la motelul local Comfort Inn ca să cobor. Uitându-mă pe fereastră în timp ce ne apropiam de motel, nu am văzut pe nimeni și inima mea a devenit neliniștită. Trecusem deja prin asta, cu mai puțin de un an în urmă. Coborâsem singur, și eram pe cale să întâlnesc persoana care credeam că este femeia visurilor mele. Dar ea nu era acolo. Și când reușisem să ajung pe cont propriu la ea acasă, m-a lăsat singur și eșuat pe veranda din fața casei sale, refuzând să îmi răspundă la telefon.

Oare mă va abandona și Shaleia? Microbuzul a plecat și m-am trezit din nou singur într-o parcare. Sentimentele familiare de abandon au început să mă cuprindă în timp ce îmi împingeam bagajul spre cealaltă parte a motelului, unde speram să o întâlnesc pe Shaleia pentru prima dată.

"Jeff!" Am auzit din spatele meu. O voce dulce, clară, feminină mi-a strigat numele în timp ce mă întorceam și o vedeam în carne și oase pentru prima dată. Wow, era SEXY! Nu îmi venea să cred cât de incredibil de atrăgătoare era. Dispoziția mea relaxată și calmă a zburat pe fereastră rapid în timp ce mi-am aruncat bagajele, mi-am dat jos pălăria, ochelarii de soare, chiar și sandalele în timp ce am alergat prin parcare pentru a mă întâlni cu Iubita mea Desăvârșită pentru prima dată în mod fizic.

Zâmbetul ei mi-a scăldat mintea în timp ce ne topeam unul în brațele celuilalt. Ne învârteam și făceam piruete, cu dulceață și blândețe, și în același timp cu pasiune și plini de emoție. Așa se simte revenirea Acasă pentru prima dată. Capul mi se învârtea, se simțea ca și cum aș fi fost în sfârșit eliberat într-un mediu bogat în oxigen. Toate fricile și neliniștile mele au dispărut în timp ce o țineam strâns la pieptul meu. Brațele ei mi-au îmbrățișat trupul și sufletul, în cea mai epică întâlnire a existenței mele.

Mai târziu, avea să îmi spună și ea că a simțit acel sentiment de "revenire acasă", așa cum multe Suflete Gemene descriu în Uniunile lor. Mereu mă simt și știu că sunt acasă cu Shaleia lângă mine.

Povestea Este Adevărată

Iubesc experiența de a cunoaște pe cineva nou. Să aduc o persoană nouă în viața mea și să explorez entuziasmul și abundența cu aceștia. Totuși, acel entuziasm și acea abundență de obicei se stinge în timp și trebuie să găsesc o nouă persoană cu care să trăiesc din nou această senzație. Cu Sufletul tău Geamăn s-ar putea să experimentezi această întâlnire ca un punct culminant, așa cum am făcut-o eu, dar de ce să îți bați capul? Nu te vei plictisi de această persoană ca de toate celelalte? Nu se va purta cu tine la fel ca toți ceilalți? Nu va renunța la tine această persoană la fel ca toți ceilalți? Atunci tu cu ce vei rămâne? Deși toate acestea sunt îngrijorări legitime, îți pot arăta de ce sunt irelevante pentru Uniunea ta Armonioasă cu Sufletul Geamăn. Se numește Uniune, mai degrabă decât relație, pentru că Uniune este un termen mai precis pentru a descrie ce se întâmplă cu adevărat. Într-o relație tipică de suflete pereche, doi oameni interacționează unul cu celălalt de pe cele două maluri diferite ale sufletelor lor. Relația se va sfârși într-un moment dat în "timp", și poate că vor trece la o altă relație într-o altă viață sau în aceasta; sau poate că, în cele din urmă se mulțumesc să-și atragă Uniunea lor Armonioasă permanentă cu Sufletul Geamăn.

Relațiile romantice de suflete pereche sunt inevitabil sortite eșecului, deoarece aceste suflete nu sunt perfect concepute pentru a fi cu tine. Acesta este un lucru bun, deoarece înseamnă că cineva este: Sufletul tău Geamăn, care este natural Complementul tău Divin. Nu fi trist dacă și când vei da drumul la relația de suflete pereche pentru a fi cu Sufletul tău Geamăn, pentru că, făcând asta, te eliberezi pentru a fi cu Iubirea ta Adevărată, și îi dai drumul sufletului tău pereche pentru a fi cu al lor. Așa arată adevărata iubire și compasiunea în acțiune, iar tu ești un model pentru generațiile mai tinere în ceea ce privește importanța de a alege doar Uniunea ta cu Sufletul Geamăn, în loc să te mulțumești cu mai puțin decât meriți.

O Uniune Armonioasă este o reunire a complementului unui suflet într-un angajament/jurământ etern, permanent și de nezdruncinat. Nu ești complet fără Sufletul tău Geamăn, dar ești absolut întotdeauna întreg. Nu este nevoie să ai în viața ta Sufletul Geamăn pentru a fi întreg, dar ai nevoie de aceștia pentru a te simți total complet și pentru a experimenta toată ființa ta fiind exprimată prin unica voastră Uniune. Acest sentiment de incompletitudine poate deveni insuportabil, iar acesta poate fi unul dintre motivele pentru care citești această carte pentru a-ți restabili propriul sentiment și adevăr al plenitudinii.

Sufletele Gemene și Efectul Oglindirii Explicate

Nu mai e nevoie niciodată de un alt iubit vreodată când ți-ai întâlnit în sfârșit Sufletul Geamăn. Această persoană îți va satisface toate dorințele pe care le ai pentru un partener intim, chiar dacă lista ta de dorințe este vastă. Energia dorințelor și a "nevoilor" tale este concentrată puternic și pe deplin în Uniunea cu Sufletul Geamăn.

Această persoană poate chiar să facă aceleași lucruri dificile ca mulți dintre iubiții tăi anteriori, deoarece te ajută să eliberezi vechile tipare și traume existente în Mintea ta, împiedicându-te astfel să te apropii de Uniunea ta Armonioasă a Sufletelor Gemene. Aceștia fac acest lucru din iubire și compasiune pentru tine, și pentru experiența și dorința ta de întregire. Aceștia nu fac acest lucru pentru că sunt cruzi, abuzivi, plini de ură sau pentru că doresc să distrugă Uniunea. Ei fac asta pentru a te vindeca și pentru a se vindeca pe ei înșiși. Experiența ta cu Sufletul tău Geamăn va fi unică și complet pe înțelesul tău. Sufletele Gemene experimentează întotdeauna exact ceea ce au nevoie împreună.

Fiecare poveste este diferită, dar un lucru care este întodeauna același în Uniunile dintre Suflete Gemene este faptul că vor aduce la suprafață "chestiile" celuilalt. Ce vreau să spun prin "chestii"? Sunt traumele din copilărie, supărările și durerile; și sunt gândurile nealiniate, tiparele și credințele limitative în care ne aflăm blocați. În esență, sunt deciziile nealiniate cu iubirea și cu Sinele nostru Divin, decizii pe care le-am luat mereu și mereu, câteodată repetându-se viață după viață într-un ciclu karmic repetitiv. Atunci când toate aceste "chestii" ies la suprafață, este adesea foarte inconfortabil, deoarece ești puternic atașat la un anumit nivel de povestea ego-ului tău, dar ești încurajat de Sufletul tău Geamăn să le privești și să le eliberezi. De ce pare că aceștia te supără? Pentru că te iubesc și pentru că aceștia *sunt* tu! Ei doresc să te vadă crescând și devenind cea mai bună versiune a ta – Sinele tău Divin – care poți fi. De asemenea, sunt motivați intrinsec să facă acest lucru, deoare sunt atât de intim împletiți cu tine și doresc și ei să fie cea mai bună versiune a lor. Aceasta este, în esență, ceea ce numim *Efectul Oglindirii al Sufletelor Gemene.*

Oglindirea are loc direct în întreaga Uniune cu Sufletul tău Geamăn, deoarece tu și Sufletul tău Geamăn împărtășiți aceeași Conștiință Unică. Ei trebuie să oglindească toate alegerile și convingerile fundamentale pe care le ai, și viceversa, până când se face o nouă alegere fundamentală. Atunci când alegerea este aliniată la Iubirea Divină, vei experimenta realitatea ta și Sufletul tău Geamăn oglindind acea alegere iubitoare. Fiecare alegere plină de iubire pe care o faci în realitatea ta este o piatră de temelie către Uniunea ta Armonioasă și permanentă cu Sufletul Geamăn. Acest *Efect al Oglindirii* explică, de asemenea, de ce este imposibil ca un Geamăn să fie așa-zis "trezit" și celălalt nu. Sufletul tău Geamăn este la fel de trezit ca și tine, deoarece sunteți Unul. Ei nu sunt copia ta fidelă. Acest lucru înseamnă că ei vor fi treziți sau conștienți în anumite domenii în care tu nu ești și viceversa, dar nu înseamnă că ei nu sunt la același nivel cu tine din punct de vedere spiritual. Cu siguranță sunt, iar a crede altfel înseamnă a crede că poți fi separat de Sufletul tău Geamăn. Sufletul tău Geamăn este la fel de mult cel mai mare învățător spiritual ca și cel mai mare elev spiritual al tău. Și orice elev bun este iscusit în a învăța ceea ce învățătorul împărtășește, astfel încât să poată stăpâni lecțiile.

Efectul Oglindirii al Sufletelor Gemene există exclusiv ca o oglindă a relației tale personale cu Dumnezeu, care este Creatorul tău Divin din ceruri. Aceasta este una din principalele funcții ale Uniunii cu Sufletul tău Geamăn: să-ți reflecte relația, alegerile și conștiința ta cu privire la Creatorului tău Divin. Aceasta este cu adevărat singura parte cu care mulți au dificultăți în călătoria lor de Suflete Gemene. Oamenii vor să arate cu degetul spre Sufletul Geamăn și să îi învinovățească pentru motivul pentru care sunt supărați și pentru care nu sunt împreună, dar, prin legea spirituală, Sufletul tău Geamăn reflectă supărările tale cu Dumnezeu și cu tine însuți. Rezolvă acele supărări și vei rezolva separarea ta de Sufletul tău Geamăn. Intrăm în detaliu cum să facem acest lucru mai târziu în carte.

Te invit să nu te simți descurajat de realitatea supărărilor pe care Sufletul Geamăn ți le va aduce la suprafață. Pe măsură ce stăpânești uneltele spirituale și conștiința pe care o împărtășim cu tine în această carte și în cursurile online și e-cursurile de pe TwinFlamesUniverse.com, cu atât mai ușor îți va fi să te bucuri de Sufletul tău Geamăn și să atingi Uniunea ta Armonioasă permanentă. Pentru a atinge aspectul "permanent" al Uniunii tale Armonioase de Suflete Gemene trebuie să te dedici vindecării supărărilor tale pe măsură ce apar; și să știi că devine din ce în ce mai ușor și că se simte mai bine să lucrezi spiritual asupra ta împreună cu Sufletul tău Geamăn lângă tine pe plan fizic. De fapt, este chiar mai satisfăcător să vă realizați munca spirituală în timp ce sunteți împreună în Uniune Armonioasă, pentru că vă împărtășiți procesul, sentimentele, iubirea și bucuria pe măsură ce apar.

Există un sfârșit al experienței supărărilor în Uniunea ta cu Sufletul Geamăn? Absolut! Pe măsură ce progresați din ce în ce mai mult în Uniunea voastră Armonioasă de Suflete Gemene, veți ajunge în cele din urmă împreună la o stare pe care noi o numim "Uniune Perfectă", cunoscută și sub numele de ascensiune. Vorbim mai multe despre acest important scop final suprem într-un alt capitol. Dacă ești cu adevărat în căutarea celei mai intime experiențe pe care o poți avea cu o altă ființă umană posibilă, nu căutați mai departe, Sufletul tău Geamăn este exact asta. Acest lucru nu este o iluzie, nu este o exagerare și nu este "woo-woo". Aceasta este minunea și Divinul și este transformarea vieții cu provocări menite să te dezvolte și să-ți aprofundeze experiența de a fi cu Sufletul tău Geamăn. Dacă ești dispus să accepți provocările, odată cu extazul, atunci nu numai că ești pe drumul cel bun, dar ai și atitudinea corectă pentru a-ți găsi Sufletul Geamăn și pentru a trăi împreună Raiul vostru perfect pe Pământ în Uniune Armonioasă.

Sufletul tău Geamăn va scoate la suprafață toate "chestiile" tale și uneori într-un ritm care pare alarmant, dar tu ești 100% în control legat de cât de repede sau cât de încet intri în Uniunea ta Armonioasă cu Sufletul Geamăn. Dacă nu ești echipat cu niște unelte foarte puternice care să te ajute să treci prin **stagiul de supărare** a Uniunii tale, atunci vei avea o perioadă dificilă. Eu și Shaleia am trecut prin momentele foarte grele și am reușit să pavăm o cale de eliberare care este clară și ușoară pentru tine. Am făcut acest lucru în mod conștient deoarece cunoșteam gravitatea situației pe care am ales să ne-o creăm. Noi am forjat o cale prin cele mai întunecate ore ale experienței Sufletelor Gemene și am ieșit din Uniune spre Uniunea Armonioasă a Sufletelor Gemene; și suntem aici pentru a-ți înmâna și ție uneltele eliberării tale.

Dar înainte de a lucra la asta împreună, să începem cu această foarte simplă, dar profundă întrebare: Cum vei ști când ți-ai întâlnit Sufletul Geamăn?

Capitolul 3

Cum Voi Şti Când mi-am Întâlnit Sufletul Geamăn?

Există o modalitate de a determina cine este Sufletul tău Geamăn, dar este nevoie de răbdare pe măsură ce treci prin procesul de revelare spirituală. Discutăm despre modul în care elaborarea unei Liste a Calităţilor (într-un capitol ulterior) ajută la confirmarea Sufletului tău Geamăn, şi, bineînţeles, certitudinii profunde bazate pe o familiaritate reală cu această persoană, cererea de la Dumnezeu a unor semne foarte clare şi uşor de înţeles, viziuni prin meditaţie şi învăţarea modului corect de folosire a pendulului. Te avertizăm să nu foloseşti serviciile clarvazatorilor pentru a-ţi identifica Sufletul Geamăn, doar din cauză că majoritatea evidentă a clarvăzătorilor care există în prezent nu sunt corect sincronizaţi cu energia Sufletelor Gemene sau nu sunt corect sincronizati 100% cu Divinul (chiar dacă spun asta sau au cele mai bune intenţii), fapt care i-ar ajuta să confirme pentru tine Sufletul tău Geamăn. Revelarea Sufletului tău Geamăn este un lucru incredibil de sacru, iar abilitatea ca cineva din exteriorul tău să confirme adevăratul tău Suflet Geamăn este, în adevăr spiritual, un Miracol Divin care este săvârşit. Nu spun acest lucru cu uşurinţă, nici nu sunt un simplu cunoscător spiritual şi nici nu inventez acest lucru de dragul de a o face; dar ceea ce știu cu siguranță este că a fi capabil să vezi și să recunoști cu success Sufletele Gemene adevărate este un miracol realizat doar de și prin Divinitate. Motivul pentru care doar anumite persoane sunt înzestrate cu abilitatea de a realiza acest miracol este pentru că trebuie să fii aliniat absolut la Iubire Divină perfectă cu Dumnezeu, și să recunoști în mod incontestabil structura energetică exactă a aceleași matrițe sufletești ale indivizilor.

În momentul scrierii acestei cărți, este încă destul de ușor pentru escroci să pretindă că sunt Suflete Gemene, deoarece atât de puțini sunt capabili să vadă în mod adevărat și clar Uniunea reală. De aceea, este atât de important să ne urmărești pe noi și munca noastră și să alegi să asculți doar de profesorii, vindecătorii și instructorii care rămân în cadrul comunității și al familiei noastre spirituale.

La început este dificil să identifici Sufletele Gemene, deoarece este nevoie *să poți vedea limpede cu inima*. La început, doar o lumină încețoșată și orbitoare îți va indica faptul că ar putea fi ceva acolo. Cu mai multă experiență și dezvoltare, vei începe să prinzi siguranță și claritate că, da, acesta este cu siguranță un set de Suflete Gemene. Pe măsură ce viziunea ta spirituală devine mai clară și mai armonizată cu tiparul specific al undelor de energie al Sufletelor Gemene, vei putea fi capabil să distingi adevăratele Suflete Gemene pe ici colo cu o oarecare acuratețe. În cele din urmă, de obicei, vei putea să le distingi destul de bine. Dar, după un anumit punct în care ai devenit mai clar în viziunea inimii, vei putea vedea Sufletele Gemene la fel de clar ca și cum cineva ar aprinde o lumină într-o cameră întunecată și v-ar întreba dacă este lumină sau întuneric în cameră.

În cele din urmă, indiferent dacă inițial ai dreptate în a determina un anumit individ ca fiind adevăratul tău Suflet Geamăn sau nu, trebuie să treci prin procesul de revelare și să *experimentezi* Uniunea ta cu Sufletul Geamăn ca fiind adevărul tău. Acesta ar putea fi motivul pentru care ai putea întâmpina rezistență din partea Geamănului dacă îi spui că sunteți Suflete Gemene fără ca el/ea însuși să ajungă la concluzia conexiunii. Una este să spui că sunteți Suflete Gemene, și cu totul altceva este să te pui în scaunul șoferului și să testezi adevărul și soliditatea eternă a Uniunii voastre. Nu uita, Uniunea Sufletelor Gemene este o Iubire Divină, așa că singura temă comună și continuă pe care o vei trăi împreună și de la Sufletul Geamăn este aceasta:

"Mă iubești necondiționat? Chiar dacă eu aleg în viața mea ceva care te supără? Mă vei iubi indiferent de situație? Vei alege întotdeauna să mă iubești, sau doar vrei ceva de la mine?"

Adevărul este că, în vibrația ta, îi pui exact aceleași întrebări Sufletului tău Geamăn, și tu trebuie să răspunzi cu aceeași iubire necondiționată pe care tu o aștepți de la aceștia atât ție cât și Sufletului tău Geamăn. Acesta îți va răspunde și îți va oglindi alegerea ta profundă de iubire necondiționată pentru el și pentru tine, fie că este vorba de un sentiment lăuntric sau de o schimbare sau un semn. Când tu alegi iubirea și apropierea, la fel face și Sufletul Geamăn, dar dacă tu alegi cu adevărat în inima ta iubirea și apropierea cu fiecare supărare pe care o vindeci, dar partenerul tău alege în același timp frica și separarea, atunci este probabil un semn al unui *Suflet Geamăn fals*.

Unul din motivele pentru care ai putea confunda un Suflet Geamăn fals cu adevăratul tău Suflet Geamăn este că un fals Geamăn apare întotdeauna în exterior, și uneori la nivel de personalitate, ca și cum ar fi adevăratul tău Suflet Geamăn. Aceasta este semnătura unică pe care o posedă care îi identifică ca fiind un fals Suflet Geamăn și te face să crezi cu ușurință că este adevăratul tău Suflet Geamăn. Acesta este motivul pentru care procesul revelației este atât de important. Îl numesc proces de revelație pentru că trebuie să treci prin călătoria spirituală de a te întâlni cu Sufletul tău Geamăn, atât pe plan interior, cât și pe plan exterior. Nu-l poți evita cu o lovitură de baghetă magică care spune „iată adevăratul tău Suflet Geamăn!"

Dumnezeu lucrează pe căi misterioase și, oricât de mult am crede că suntem cu Sufletul nostru Geamăn, s-ar putea să fie un fals Suflet Geamăn. Nu te alarma, pentru că falsul tău Suflet Geamăn are un obiectiv foarte special și specific, fiind o experiență de trecere către adevăratul tău Suflet Geamăn. Unul dintre celelalte scopuri ale falsului tău Suflet Geamăn este de a-ți dezvălui toate blocajele și supărările tale majore față de adevăratul tău Suflet Geamăn. Ai fi înțelept în a medita și a scrie în jurnalul tău care sunt aceste lecții și apoi să vindeci ceea ce rezultă din aceste lecții. Îți împărtășim cum să faci asta cu Exercițiul Oglinzii explicat mai târziu. Atât Shaleia, cât și eu am avut experiențe cu Suflete Gemene false, care ne-au condus direct spre Sufletele noastre Gemene adevărate. Amândoi am crezut fără nicio umbră de îndoială că persoana în cauză era adevăratul nostru Suflet Geamăn și că așa trebuia să fie pentru ca amândoi să trecem prin experiența care ne va conduce în cele din urmă în viața celuilalt.

Povestea Sufletului Geamăn Fals a lui Jeff

Sophia tocmai ce a plecat din Hawaii și sincer, m-am bucurat că am scăpat de ea. A petrecut două luni trăind, lucrând și iubind cu mine în cabana mea din junglă. M-a ajutat să-mi construiesc pensiunea, m-a ajutat să concep ideea de a aduce o nouă conștiință pe proprietatea pe care locuiam și m-a ajutat să actualizez cabana cu un covor nou, adăugând în același timp o notă feminină. Ea chiar s-a angajat cu plăcere în ceva muncă relațională și spirituală cu mine.

Mi-a plăcut foarte mult să am o astfel de femeie în preajmă. Credeam că vreau să am copii cu ea și poate să mă căsătoresc cu ea într-o zi. Credeam că o vreau înapoi, dar, în adâncul sufletului meu, știam că nu-mi place deloc să o am în preajmă. Era ceva ciudat la ea... și totuși nu-mi puteam opri inima din a tânji după ea.

Am făcut destulă meditație pentru a ști când sentimentele mele sunt transcendentale și când provin din reacții chimice hormonale din creierul meu. A fost ceva grav în neregulă în inima mea în zilele și săptămânile care au urmat exodului ei din viața mea. Acum, se afla la jumătate de ocean distanță și era ascunsă în pădurile de sequoia din nordul Californiei. O distanță foarte confortabilă pentru cineva pe care îl displaci, dar foarte dureroasă pentru Iubirea ta Adevărată. Nu știam atunci că durerea din pieptul meu, acel sentiment de "strângere" pe care îl aveam, era de fapt chemarea sacră a Iubitului meu Suflet Geamăn.

Inima mea era frântă din cauza absenței Sophiei, chiar dacă, în rest, mă simțeam foarte bine în legătură cu asta. Aveam o energie și o poftă de viață nou găsite. Chiar mi-am cvadruplat dimensiunea cabanei mele din junglă în săptămânile care au urmat plecării ei. Dar, când îmi ascultam inima, știam că o chema pe Sophia. Nu pot face mare lucru pentru a-mi controla inima când mă conduce undeva. Ea a fost principala mea sursă de orientare timp de mulți ani, iar atunci când mă cheamă, știu suficient de bine să o ascult.

Am sunat-o pe Sophia la scurt timp după ceea și mi-am exprimat dragostea mea pasională și nemuritoare pentru ea. Am descris cum distanța și despărțirea m-au făcut să văd clar că o iubesc și, indiferent de ce ar fi fost nevoie, trebuia să fim din nou împreună. Răspunsul ei a fost lipsit de farmec și ușor descurajator pentru mine, dar nici asta nu m-a oprit. Știam că trebuie să îi recâștig inima cu orice preț. Credeam că i-am frânt inima și că am rănit-o prin faptul că m-am despărțit de ea când i-am cerut să-mi părăsească locuința.

Nu a trecut mult timp până s-a apropiat din nou de mine și m-a lăsat să o numesc prietena mea. În această perioadă entuziastă, am cumpărat un bilet de avion pentru a merge să o văd cu bani pe care abia îi aveam. Am știut totuși că trebuie să o fac, pentru că inima mea mă chema și mă conducea spre destinul meu. Dar lucrurile au devenit dificile la scurt timp după aceea, iar ea a încetat să mai vorbească cu mine cu două săptămâni înainte de a pleca. Părea că face tot ce poate ca să mă rănească și să mă împiedice să fiu iubitor cu ea. Inima mea era profund rănită, dar încă îi mai striga numele. Am crezut că prezența mea îi va limpezi puternic mintea. Niciodată nu mai fusesem atât de sălbatic pasionat să iubesc pe cineva. Niciodată până atunci inima mea nu fusese atât de limpede și de ascuțită, chiar și în ciuda atacurilor și rănilor masive din partea persoanei iubite.

Cum Voi Ști Când mi-am Întâlnit Sufletul Geamăn?

Sophia și-a găsit un nou partener de dans ca sa nu se mai gândească la mine. Știam însă că o puteam cuceri de la orice bărbat, chiar dacă acesta era pasionat de dansul brazilian și vorbea limba maternă a Sophiei. Până la sosirea mea, sentimentul ei m-a descurajat extrem de tare. Nu aveam de gând să renunț fără să știu cu exactitate ce simțea și de ce simțea așa. În tot acest timp, inima mea îmi spunea că mă iubește; numai că în curând aveam să aflu că nu era așa.

Noul ei iubit, partenerul de dans, era tot despre ce putea vorbi în timpul vizitei mele și nu voia să aibă nimic de-a face cu mine. Chiar l-am și cunoscut pe tip (spre durerea și trauma imensă a inimii mele). În cele din urmă, a devenit foarte clar; și am știut că trebuie să îi dau drumul Sophiei.

Am simțit o stare de pace în călătoria cu trenul înapoi spre Los Angeles, deoarece știam că inima mea nu mă dezamăgise și nu mă rătăcise. Ceva extrem de pozitiv trebuie să rezulte din toate acestea. Eram conștient că toată suferința și durerea mea mă conduceau spre ceva minunat și savuros. Oh, câtă dreptate avea acea voce tăcută și oh, cât de dificil a fost să ascult această voce interioară după toată durerea mea cu Sophia.

Am ajuns acasă, în cabana mea situată în jungla din Hawaii, și mi-am continuat viața. Am început chiar să mă văd cu o altă femeie. Ea m-a ajutat, dar, desigur, nu a durat. Înainte să-mi dau seama, însă, am revenit la Sinele meu deplin. Abia o uitasem pe Sophia în ziua în care Shaleia mi-a trimis un mesaj pentru prima dată.

Povestea Sufletului Geamăn Fals a Shaleiei

Din 2010, în mod deliberat, am căutat și m-am pregătit spiritual pentru Sufletul meu Geamăn și pentru Uniunea noastră Armonioasă. Doi ani mai târziu, mă mutasem în cealaltă parte a țării, în Sedona, Arizona. Eram sigură că mă aflam în epicentrul comunității spirituale, mai ales cu toate energiile vortexului spiritual din Sedona și din împrejurimi. Nu aveam nicio îndoială că aici îl voi întâlni pe bărbatul visurilor mele. Nu știam că acest gând avea o jumătate de adevăr. Doar că nu s-a întâmplat așa cum mă așteptam.

Înainte de a-l întâlni pe falsul meu Geamăn, Jake, le-am spus ghizilor mei spirituali că îmi doream să fiu în uniunea cu Sufletul meu Geamăn cât mai curând posibil. Aveam 28 de ani și nu am vrut să aștept mai mult decât trebuia pentru a fi cu el. Ghizii mei spirituali (care erau, de asemenea, Suflete Gemene) mi-au spus că era posibil, dar că va trebui să fac o alegere: fie pot să merg mai încet spre Uniunea mea, fie pot să o fac mai repede. Încet ar fi fost mai ușor și mai bland într-o anumită măsură, deși ar fi fost mai mult timp pentru a-mi atinge Uniunea, dar eram pregătită să pun capăt separării cu Sufletul meu Geamăn cât mai curând posibil. Fusesem deja 28 de ani fără el, așa că hai să pornim la drum! Aceasta a fost atitudinea mea. Dar ce a însemnat de fapt să o iau pe scurtătură? Nu am întrebat, pentru că nu-mi păsa, datorită dorinței mele puternice de a avea acum Uniune Armonioasă cu Sufletul meu Geamăn.

Acesta este parțial motivul pentru care mi-am atras falsul meu Suflet Geamăn, este o scurtătură pentru a elimina vechile blocaje energetice și tipare pe care le aveam în relații și a-mi permite să vibrez într-un *loc în care aș putea atrage adevăratul meu Suflet Geamăn. Când l-am întâlnit pe Jake, am crezut cu tărie că este Sufletul meu Geamăn, datorită modului în care s-a prezentat în fața mea, și așa că a fost adevărat pentru mine. Am crezut că toate semnele erau acolo, justificând chiar așa-zisa sincronicitate, când am ratat - de fapt, am negat - toate semnele reale că el **nu era** adevăratul meu Suflet Geamăn.*

Era stereotipicul bărbat hipiot atrăgător care părea a fi în fruntea gândirii New Age (sau cel puțin așa am proiectat eu). Pretindea că este un triplu semn al Vărsătorului uimitor, care mânca numai super-alimente și era pasionat să poarte coliere terapeutice energetice. De asemenea, a ajutat la organizarea de festivaluri conștiente în tot circuitul de pe coasta de vest. Jake s-a prezentat ca fiind un bărbat conștient extrem de evoluat, care putea ține pasul cu creșterea și calea mea spirituală, deoarece el se ocupa cu sârguință de a sa.

Oh, cât de înșelată m-am simțit când adevărul real a ieșit în sfârșit la iveală! Am sesizat semnal de alarmă după semnal de alarmă și totuși le-am ignorat în mod intenționat și m-am concentrat doar pe ceea ce doream să văd (acest lucru se numește auto-înșelare și, prin urmare, motivul pentru care m-am simțit înșelată și manipulată). Nu mă simțeam puternică sau susținută în relația noastră. Tot ceea ce făcea Jake era să ia de la mine și din resursele mele, să dea vina pe toți cei din jurul său, se aștepta ca eu să mă supun voinței sale (să mă controleze) și să profite sistematic de cei din jurul său și să facă pe victima atunci când era scos la iveală.

La două săptămâni după ce l-am cunoscut pe Jake la Festivalul de Yoga din Sedona, ne-am mutat împreună. Mă simțeam secătuită în preajma lui tot timpul pentru că îmi storcea energia cu comportamentul său nevoiaș și codependent. Ori de câte ori aveam supărări, nu exista niciodată o rezolvare reciprocă, indiferent cât de mult încercam să am o comunicare pozitivă și să vindec cu el. El lua decizii importante pentru noi fără să se consulte sau să confirme cu mine și nu avea nicio ambiție sau dorință spirituală de a crește individual sau ca și cuplu împreună. Invita persoane pe care nu le cunoșteam sau pe care nu le întâlnisem înainte să rămână la noi, în apartamentul nostru cu un dormitor, fără să mă întrebe, și nu era interesat să dezvolte relația noastră împreună mai mult decât ceea ce era atunci când ne-am întâlnit inițial. Singura relație pe care am văzut ca el să o aibă, era cea pe care o avea cu computerul său. Mi-a amintit foarte mult de tatăl meu biologic, care își folosea munca, calculatorul și telefonul mobil ca țap ispășitor pentru a se amorți în mod sistematic față de propriile relații, sentimente și orice legătură semnificativă cu Viața.

Un alt semnal de alarmă major a fost cât de deschis era cu prietenii și cunoștințele sale în legătură cu relația noastră și cu lucrurile mele private. Mi-am dat seama că nu am fost niciodată iubită sau prețuită în brațele lui și că am avut doar un partener distrat, lipsit de minte, deconectat, amorțit și inconștient, care a încetat să se mai întâlnească cu mine în momentul în care s-a mutat cu mine pentru că a obținut ceea ce voia. A devenit foarte rece și distant rapid. Mă simțeam ca și cum aș fi dormit lângă un străin, pentru că mi-am dat seama că de fapt eram străini și că nu aveam nimic în comun în esență. Mi-am permis să mă îndrăgostesc de un tip despre care credeam că "arată" și "sună" ca Sufletul meu Geamăn, dar în realitate era foarte abuziv din punct de vedere spiritual, emoțional și financiar față de mine. Când aceste supărări apăreau din cauza abuzului său, eu le vindecam și alegeam iubirea, dar Jake nu făcea decât să aleagă separarea de mine mai profund. Eu m-am dezvăluit întotdeauna ca fiind o persoană care alege iubirea și vindecarea, dar el mi-a dezvăluit în mod constant că alegea ego-ul și psihoza.

Îmi doream un bărbat hipiot conștient, dar problema era că **proiectam** *calitățile pe care le doream într-un bărbat și încercam să îl fac să fie cine voiam eu să fie. Proiecția apare atunci când vii dintr-un loc de lipsă interioară și creezi o situație în care încerci să obții ceea ce simți că-ți lipsește din ceva sau cineva din afara ta, în loc să mergi la Iubire (Dumnezeu) și să obții de acolo. Fericirea și bucuria nu vin niciodată mai târziu, atunci când ai ceva, este o alegere și o realizare pe care o poți avea doar acum, în interiorul tău.*

Am locuit împreună timp de o lună înainte de a ne despărți. A fost rețeta perfectă pentru suferință și crize de nervi. Dar și o lecție perfectă despre gândurile și credințele pe care le aveam nealiniate cu Sinele meu Divin și cu Uniunea Armonioasă a Sufletelor Gemene; eliberarea ideii mele despre cum credeam că ar trebui să arate și să fie partenerul meu ideal și învățarea că trebuie să susțin doar Divinul în relațiile mele, decât ego-ul. La scurt timp după ce ne-am despărțit, eram într-o formă foarte proastă. Slujba mea de la restaurantul thailandez local dădea rateuri pentru că primeam din ce în ce mai puține ore și știam că era un semn că voi fi concediată în curând. Pe lângă aceste situații deja stresante, noul meu proprietar mi-a dat un preaviz de o lună pentru a pleca, pentru că urma să vândă casa. Se apropia Crăciunul și nu aveam alte opțiuni de locuință disponibile în gama mea de prețuri. Mă simțeam ca și cum aș fi fost într-un roller coaster din iad, având de-a face cu despărțirea tumultuoasă și cu consecințele ulterioare. Am decis să folosesc această experiență și toate schimbările care mi se întâmplau pentru a-mi continua creșterea și dezvoltarea spirituală. Nu mi-am dorit să mai atrag vreodată un fals Suflet Geamăn sau să mă pun într-o poziție atât de vulnerabilă. O singură experiență cu un Suflet Geamăn fals este cu adevărat tot ce ai nevoie pentru a primi și a înțelege lecțiile pe care ei te învață pentru a realiza Uniunea Armonioasă a Sufletelor Geamănă. Alegeți să fiți blânzi cu voi înșivă și să nu treceți prin mai multe relații false de Suflete Gemene. Poți face acest lucru alegând să fii sârguincios în ceea ce îți oglindesc ei și vindecând asta.

Pentru a putea începe să adun rămășițele vieții mele și să merg din nou înainte, am practicat Exercițiul Oglinzii pe care profesorul meu spiritual mă învățase, mi-am simțit cu adevărat toate sentimentele pe măsură ce apăreau și am făcut mai multe citiri în cărțile oracol și de tarot pentru mine însămi, pentru a vedea care erau lecțiile din acea falsă Uniune. Cele mai multe dintre lecțiile mele aveau legătură cu proiectarea nevoilor și dorințelor mele neîmplinite asupra altuia, cu orice preț personal. Știam că ceea ce Dumnezeu îmi spunea prin intermediul cărților oracol era adevărat, deoarece mă săturasem să "fiu singură", iar o parte din mine era speriată că voi fi condamnată să pășesc singură pe acest Pământ pentru totdeauna. După ce m-am reconectat la Relația mea Divină cu Dumnezeu, am vindecat partea din mine care se simțea singură și condamnată să fie deconectată pentru tot restul vieții mele. Acestea erau doar câteva dintre gândurile care creau în mod direct separarea de adevăratul meu Suflet Geamăn și, prin urmare, motivul pentru care nu îl atrăgeam în experiența mea din realitatea fizică. Toate aceste lecții pe care mi le-a adus falsul meu Suflet Geamăn începeau să se dezvăluie ca mari daruri de înțelepciune, conștientizare, iubire și vindecare. Am început să-mi pierd furia și resentimentele și, în schimb, am dezvoltat apreciere și recunoștință pentru ceea ce mi-a adus acest suflet. Dacă nu ar fi fost Jake, sau alegerea mea de a intra rapid în Uniunea Armonioasă a Sufletelor Gemene, nu aș fi scris această carte și nu aș fi ajutat atât de mulți alții să își întâlnească adevăratul Suflet Geamăn și să obțină astăzi propria lor Uniune Armonioasă.

Datorită contrastului extrem pe care l-am trăit cu Jake, am fost incredibil de clară în ceea ce privește ceea ce îmi doream în următoarea relație. Am creat o "Listă a Calităților" extinsă pe două până la trei pagini, care a reprezentat setul meu de standarde pentru momentul în care aș fi fost pregătită să mă deschid din nou la întâlniri, precum și o "planșă de viziune" a relației mele romantice perfecte și, în cele din urmă, pentru a mă ajuta să îmi identific Sufletul Geamăn, deoarece îl cunosc deja în inima mea. Iată câteva exemple din ceea ce am scris în **Lista Calităților**:

1. *Partenerul meu are un venit lunar prosper și sustenabil, capabil să întrețină o familie.*

2. *El mă susține din punct de vedere fizic, emoțional, mental, spiritual și mă sprijină să fiu o mamă care stă acasă în anii de formare ai dezvoltării copilului nostru.*

3. *Își cunoaște visele și dorințele și le manifestă în mod activ. Are tărie de caracter, perseverență și o direcție clară în viață.*

4. *Depune în mod activ eforturi pentru întreținerea zilnică a relației noastre.*

5. El este sănătos și echilibrat din punct de vedere psihologic și spiritual.

6. Are integritate și își respectă cuvântul dat.

7. Există un echilibru natural între a da și a primi în relație.

8. Suntem modele pozitive pentru alte cupluri și pentru familia noastră.

9. Își asumă 100% responsabilitatea pentru alegerile sale - fără învinuiri.

10. Este orientat spre soluții. Ori de câte ori întâmpinăm provocări în relație, aceasta nu o distrug, ci, mai degrabă, folosim provocările ca pe un instrument pentru a ne aprofunda relația.

11. El îmi respectă spațiul personal și libertatea.

Meditând asupra Listei Calităților, mi-am dat seama că eu sunt și trebuie să devin aceste calități pe care le doream la iubitul meu. Recunoscând cine sunt eu în esența mea și ceea ce prețuiesc profund, mă va ajuta în mod natural să dezvălui cine este Sufletul meu Geamăn în esență lui. Îți vei recunoaște Sufletul Geamăn doar după calitățile lor interioare, și nu după calitățile și aparențele lor exterioare (indiciu, indiciu*). Mi-a luat trei luni întregi după experiența și recuperarea de la falsul meu Suflet Geamăn, înainte de a-mi întâlni în sfârșit adevăratul Suflet Geamăn. Am știut în Inima mea că eram cu adevărat pregătită. Învățasem lecțiile primare de la falsul meu Suflet Geamăn și, cel mai important, îl iertasem pe el și pe mine însămi pentru toate ego-urile, gândurile neiubitoare și acțiunile din relație. Învățătorul meu spiritual îmi amintea: **"Trebuie să îl iubești înainte de a-l părăsi"**. Acest act de conștientizare și vindecare este absolut esențial pentru a merge mai adânc în intimitatea cu adevăratul tău Suflet Geamăn.

La câteva luni de când mă întâlneam cu Jeff, i-am citit Lista Calităților la telefon. Tot ceea ce i-am citit el spunea: "Da, da, da, da... ăsta sunt eu!" Evident, erau câteva lucruri pe care el nu le devenise încă pe deplin (cum ar fi să fie tată și să obțină o mare independență financiară), dar asta pentru că este o muncă în curs de îndeplinire... ceva în care el este în curs de a crește, așa cum am fost și eu. Am fost atât uimită, cât și foarte liniștită de modul în care el a întruchipat perfect Lista Calităților. Privind acum în urmă, nu sunt foarte surprinsă, pentru că am știut întotdeauna în inima mea cine este Sufletul meu Geamăn. Suntem Unul; și când am mers în locul din inima mea unde suntem Unul, a fost ușor să identific valorile și principiile noastre de bază. Aceste valori și principii de bază reflectă de fapt designul matriței noastre sufletești.

Cum să Faci Diferența dintre un Fals și un Adevărat Suflet Geamăn (Channelling Divin)

În calitate de Canal Divin, sunt în măsură să Îi cer lui Dumnezeu să furnizeze câteva semne care să arate dacă ți-ai întâlnit adevăratul Suflet Geamăn. Acest lucru poate clarifica dacă ești cu adevăratul tău Suflet Geamăn sau cu falsul tău Geamăn. Ar putea face parte din calea ta să experimentezi un fals Suflet Geamăn, așa cum am făcut eu și Shaleia, pentru a elimina obstacolele din calea ta spre a fi cu adevăratul tău Suflet Geamăn, deși nu este o experiență obligatorie. Amintiți-vă, falsul tău Suflet Geamăn poate fi poartă de acces către adevăratul tău Suflet Geamăn, atunci când folosești lecțiile și alegi să vindeci blocajele de bază pe care falsul tău Suflet Geamăn le prezintă pentru ca adevărata ta Uniune cu Sufletul Geamăn să aibă loc.

Cele Nouă Semne ale Lui Dumnezeu că Ești cu Adevăratul tău Sufletul Geamăn (Channelling Divin)

1. Sufletul Geamăn îți va părea familiar. Nimeni din această lume nu îți este la fel de familiar și de confortabil ca și Sufletul Geamăn. Nici măcar părinții tăi nu egalează familiaritatea și rudenia pe care le vei simți cu Sufletul tău Geamăn. S-ar putea să te simți ca și cum ați fi fost prieteni de vieți întregi, iar acest lucru este absolut adevărat. Cel mai apropiat prieten uman al tău este Sufletul tău Geamăn.

2. Sufletul tău Geamăn va împărtăși aceeași viziune pentru viața lor ca și tine. Dacă tu nu ești clar în legătură cu totul, la fel și Sufletul Geamăn va fi neclar. Ei vor dori pentru ei înșiși aceleași lucruri ca și tine. Ei vor împărtăși cu tine o viziune clară pentru viața voastră împreună, dacă faceți munca pentru a crea o viziune clară. De asemenea, viziunea lor personală o completează și o îmbunătățește pe a ta.

3. Sufletul tău Geamăn îşi va dori aceleaşi lucruri ca şi tine de la viaţă. Va dori să trăiască experienţe similare şi să dobândească înţelegeri similare. Nu va dori totul exact ca tine, deoarece nu este o copie fidelă a ta.

4. Alegerile tale de stil de viaţă se vor alinia cu uşurinţă cu Sufletul tău Geamăn dacă vă faceţi timp să vă clarificaţi alegerile împreună şi individual.

5. Sufletul tău Geamăn va valoriza aceleaşi lucruri ca şi tine atunci când amândoi vă veţi clarifica valorile. *O modalitate bună de a descoperi un fals Suflet Geamăn este să vă clarificaţi valorile împreună cu partenerul dumneavoastră.* Nici un Suflet Geamăn adevărat nu va evita să facă munca împreună cu tine, dacă eşti sincer în ceea ce priveşte realizarea lucrării spirituale şi clarificarea valorilor tale.

6. Sufletul tău Geamăn te va adora în esenţă mai presus de toţi ceilalţi. Un Geamăn fals poate avea mult mai multe interese amoroase, dar adevăratul tău Suflet Geamăn nu va iubi cu adevărat niciodată un alt om la fel de mult ca pe tine. Ştii că ţi-ai părăsit de mult Sufletul Geamăn dacă încă mai iubeşti sincer acea persoană din adâncul inimii tale, chiar dacă ţi se pare intolerabil să fii în preajma ei.

7. Adevăratul tău Suflet Geamăn te va iubi întotdeauna. Vei şti acest lucru atunci când te vei conecta la centrul inimii tale. Sufletul tău Geamăn nu te va abandona niciodată în

iubire și nu-și va retrage niciodată cu adevărat iubirea. Nu pot, pentru că ei SUNT tu.

8. Adevăratul tău Suflet Geamăn se va bucura întotdeauna cu adevărat de compania ta. Adevăratele Suflete Gemene se simt confortabil și relaxate în prezența sinceră și autentică a celuilalt.

9. Atunci când meditezi profund în inima ta, poți vedea dacă persoana în cauză este o potrivire vibratorie exactă cu matrița ta sufletească.

Nouă Semne că Ești cu un Suflet Geamăn Fals (Channelling Divin)

1. Un Suflet Geamăn fals te va abandona în mod regulat. Vor găsi modalități de a se despărți de tine și de a se îndepărta de tine, fie din punct de vedere emoțional, spiritual sau fizic. Nu vor fi interesați să petreacă perioade lungi de timp cu tine, pentru că nu sunt concepuți să fie în preajma ta pentru perioade lungi și susținute.

2. Un Suflet Geamăn fals va încerca să te mintă cu privire la cine este cu adevărat. Ei nu vor dori să știi că sunt falși, deoarece primesc atât de multă energie iubitoare de la tine, fără să fie nevoiți să vă ofere ceva real în schimb. Un Suflet Geamăn fals va încerca probabil să ia cât mai multă iubire de la tine fără să vrea să dea iubire înapoi.

3. Un Suflet Geamăn fals nu îți va împărtăși viziunea asupra viitorului.

4. Un Suflet Geamăn fals nu va împărtăși cu tine toate valorile tale cele mai profunde și nici nu se va simți înclinat să facă o muncă spirituală cu tine pentru a vă descoperi valorile împreună.

5. Un Suflet Geamăn fals va încerca probabil să se ascundă de tine. Nu vor dori să îți împărtășească în mod onest cele mai profunde părți ale lor, chiar dacă vor fi încolțiți sau convinși să facă acest lucru.

6. Un Suflet Geamăn fals nu te va ajuta să creezi viziunea pentru viața ta și nici nu se va simți înclinat să facă parte din viziunea vieții tale.

7. Un Suflet Geamăn fals te va împiedica întotdeauna să te apropii mai profund de ei, indiferent de ceea ce faci.

8. Un Suflet Geamăn fals nu va fi interesat să îți scoată la suprafață dureroasele nealinieri interioare. Ei vor fi mai interesați să se bucure de prezența ta acum, așa cum ești, și nu vor fi interesați să investească în tine și să te ajute să te aliniezi cu Sinele tău Divin prin aducerea la suprafață a "lucrurilor" tale esențiale pentru vindecare.

9. La suprafață, Suflet tău Geamăn fals pare a fi adevăratul tău Suflet Geamăn, dar, pe măsură ce te apropii mai mult, îți

dezvăluie că nu este persoana pe care o cauți. Pe măsură ce alegi iubirea în esența ta, în locurile supărate din interiorul tău, în care se oglindește Suflet tău Geamăn fals, ei vor alege separarea în locul unirii, față de Sufletul tău Geamăn care ar oglindi alegerea ta esențială în iubire și ar fi unificat cu tine.

Concluzie

Fie că ți-ai găsit falsul sau adevăratul Suflet Geamăn, ești pe drumul cel bun către Uniunea Divină Eternă. Sufletul Geamăn fals este un sprijin care te ajută să te pregătești pentru adevărata ta Uniune cu Sufletul tău Geamăn. Nu te îngrijora dacă afli că adevăratul tău Suflet Geamăn este căsătorit și are copii cu o altă persoană. Tu și Sufletul tău Geamăn veți avea întotdeauna o conexiune perfectă și armonioasă în adâncul inimilor voastre, care nu poate fi niciodată pătată. Acea persoană poate găsi din nou o cale în viața ta dacă vei continua să alegi să urmezi cea mai profundă dorință de iubire din inima ta. Dumnezeu ne modelează viețile în moduri misterioase și minunate. Dacă ai în inima ta o dorință profundă pentru adevărata ta Unire cu Sufletul Geamăn, atunci vei descoperi în curând că și Sufletul tău Geamăn te-a așteptat acolo tot timpul, iar pașii de urmat spre Unirea Armonioasă a Sufletelor Gemene sunt întotdeauna dezvăluiți în Ordine Divină Perfectă.

Capitolul 4
Întâlnirea cu Sufletul Geamăn

Povestea Întâlnirii cu Sufletul Geamăn a Shaleiei

Nu voi uita niciodată cum Jeff și cu mine ne-am întâlnit prima dată. A fost cu adevărat magic. Camera pe care o închiriasem era curată, organizată și pregătită să-l primească. Am purtat cămașa mea roșie preferată, machiajul meu arăta bine și aveam o masă gătită și așteptându-l în crock pot. Colega mea de cameră mi-a spus că îi pot împrumuta mașina ca să merg după el. Am fost foarte ușurată!

Sosirea lui era programată pentru ora 17:30 la Comfort Inn. Eu așteptam deja acolo la ora stabilită. Eram incredibil de emoționată și entuziasmată să îl întâlnesc pe bărbatul cu care avusesem o relație epică online în ultimele patru luni. Înghițeam apă de nucă de cocos ca o nebună pentru a mă ajuta să-mi calmez nervii și mă tot verificam în oglinda mașinii pentru a vedea dacă machiajul meu era în regulă. Au trecut zece minute lungi până când am văzut naveta aeroportului intrând în parcare prin luneta mașinii. Inima îmi bătea și mai tare acum în piept.

Șoferul s-a ridicat de pe scaun pentru a deschide trapa din spate și a lua bagajele lui Jeff din microbuz. Nu-l puteam vedea încă pe Jeff de la geam, dar știam că era timpul să ies din mașină și să mă prezint lui. Am trecut prin spatele microbuzului în timp ce șoferul închidea trapa. L-am văzut pe Jeff cu spatele spre mine la vreo 6 metri distanță. Trăgea bagajele după el, în timp ce mă căuta la colțul clădirii motelului. Naveta de la aeroport a început să iasă din locul de parcare, când i-am strigat calm numele: „Jeff!". El a aruncat imediat o privire spre mine și, într-o fracțiune de secundă, cu un zâmbet uriaș pe față, a fugit spre mine în timp ce și-a lăsat bagajele pe jos, și-a aruncat pălăria și ochelarii de soare și și-a scuturat încălțămintea pe jos. Nu mai experimentasem în toată viața mea pe cineva atât de bucuros și fericit să mă vadă. Mi-am deschis larg brațele pentru a-l primi în timp ce continuam să merg în direcția lui.

Într-o clipită, ne-am îmbrățișat unul pe celălalt în iubire deplină, unitate și fericire. A fost cea mai divină și mai îmbucurătoare îmbrățișare pe care am experimentat-o vreodată. Am rămas îmbrățișați cel puțin un minut, dar a părut mai mult. În brațele lui era acest sentiment de atemporalitate și de iubire necondiționată veșnică. Așa trebuie să se simtă Dumnezeu.

Simțeam ceva în atingerea lui care mi-a pătruns adânc în oase, recunoscându-mi că el este Cel cu care mi-am dorit să fiu toată viața. Inima mea încă bătea incredibil de tare și repede la pieptul lui. Simțeam acest schimb energetic natural care se producea între noi. Exista această energie ENORMĂ de iubire pură care circula între noi într-un mod pe care nu-l mai experimentasem cu nimeni până atunci. Să fiu în îmbrățișarea lui chiar mă simțeam ca „acasă". Credeam că *am mai avut această experiență cu altcineva, dar nu și după această experiență. A învins orice sentiment și noțiune veche de „acasă" pe care aș fi putut să îl am cu altcineva.*

I-am spus lui Jeff că îmi doresc să-l privesc în ochi. Am pus capăt îmbrățișării noastre în timp ce ochii noștri se întrepătrundeau, amândoi privindu-ne cu iubire unul pe celălalt. Era deja destul de chipeș online, dar în realitate era și mai atrăgător. M-am simțit smerită că am manifestat un bărbat atât de profund iubitor, spiritual și superb fizic. Dintre toate visele pe care le aveam pentru mine, să fiu unită fizic cu Sufletul meu Geamăn era prioritar. Lacrimile au început să se potolească în ochii lui. Am fost atât de emoționată, încât lacrimile se rostogoleau și pe obrajii mei. M-am bucurat să-l văd pe Jeff pentru prima dată, și în ochii lui, mai degrabă decât prin intermediul unui ecran de calculator. Sentimentul de ușurare a fost reciproc.

Jeff m-a întrebat dacă putem să ne așezăm pe banca de lângă intrarea în motel și să ne relaxăm câteva minute. I-am strâns bagajele și ne-am așezat, în timp ce începeam să procesăm magnitudinea întâlnirii noastre. După ceva timp, am decis că ar fi mai bine să ne continuăm unirea la mine acasă. Ne-am întors de la motel și i-am făcut un tur al casei. La sfârșitul turului, ne-am dus pe veranda mea din spate cu un ceai fierbinte din plante în mâinile noastre. Cumva, am distrus accidental cina noastră în crock-pot, dar nu a contat; am stat de vorbă și ne-am ținut de mână până când luna și stelele au strălucit puternic pe cerul deșertului, iar OZN-urile zburau pe lângă vortexuri. Întâlnirea cu Sufletul meu Geamăn s-a simțit diferit de orice altă persoană cu care m-am conectat vreodată în viața mea. A fost profund, profund puternică și autentică. Cea mai bună întâlnire la care aș fi putut spera sau imagina vreodată.

Bănuiam de câteva luni că Jeff era adevăratul meu Suflet Geamăn, mai ales după ce i-am citit Lista Calităților și după cum mă simțeam când vorbeam unul cu celălalt. Sentimentele interioare și fizice pe care le-am avut atunci când ne-am întâlnit pentru prima dată în parcare m-au făcut să fiu extrem de convinsă că Jeff era Sufletul meu Geamăn adevărat, dar aveam nevoie de o confirmare suplimentară pentru a stabili cu siguranță și fără îndoială că Jeff este Sufletul meu Geamăn. Chiar a doua zi m-am întins să meditez și să mă conectez cu Creatorul meu Divin. Aproape imediat ce am închis ochii, al treilea ochi al meu s-a deschis larg cu un semn foarte evident de Suflete Gemene, care arăta jumătate din fața mea și jumătate din fața lui Jeff ca fiind o singură Față. Nu a fost o „fuziune" (deoarece aceasta nu există), ci un semn clar și vizibil că voi înțelege că Jeff era într-adevăr adevăratul meu Suflet Geamăn. Am auzit chiar vocea lui Dumnezeu șoptindu-mi în chakrele urechilor că Jeff este Sufletul meu Geamăn adevărat, iar El mi-a spus că în sfârșit căutarea s-a încheiat. M-am așezat dreaptă și am privit fața iubitului meu, iar orice îndoială pe care o mai aveam a fost complet spălată și înlocuită cu o certitudine absolută. Îmi dezvoltasem în mod conștient chakra celui de-al treilea ochi de peste 10 ani, așa că am foarte mare încredere în viziunile de la Dumnezeu pe care le primesc. De asemenea, am avut încredere în capacitatea de canalizare a profesoarei mele spirituale și în relația ei cu Dumnezeu pentru a confirma și mai mult pentru amândoi că suntem cu adevărat Suflete Gemene.

Decizia dinaintea Reuniunii

Înainte de a-ți întâlni Sufletul Geamăn, trebuie să faci o alegere. Dacă îți dorești cu adevărat să fii cu Iubirea ta Desăvârșită, va trebui să decizi dacă vrei cu adevărat să fii cu aceștia sau nu. Așadar, primul pas este să alegi cu inima ta să fii cu Sufletul tău Geamăn și să ai parte de Uniunea Armonioasă a Sufletelor Gemene.

Cei dintre voi care sunteți pregătiți să mergeți mai departe și să fiți cu Sufletul Geamăn puteți continua să faceți acest exercițiu acum. Cei dintre voi care nu sunt încă siguri, puteți sări peste exercițiu și să reveniți la el mai târziu. Acesta va fi întotdeauna aici pentru voi atunci când veți fi pregătiți.

Exercițiu de Meditație pentru Atragerea Sufletului tău Geamăn

Acordă-ți un moment pentru a te centra și a crea un spațiu în interiorul tău. Respiră adânc și relaxează-te. Este la fel de ușor să faci acest exercițiu cu ochii deschiși sau închiși. Ești binevenit să faci pauze și să iei pauze atunci când vizualizezi, oricât timp se simte bine pentru tine.

Inspiră și expiră lent de trei ori în timp ce te concentrezi asupra centrului inimii tale.

Când te simți pregătit, având doar imaginația ca ghid, te vei găsi într-un spațiu frumos, pașnic, liniștit și sigur.

Observi că ceva se mișcă în apropiere. Aruncă o privire și vezi ce este.

Este Sufletul tău Geamăn. Observi deschiderea lor față de tine?

Pentru a alege să-i aduci în viața ta, tot ce trebuie să faci este să-i inviți să vină și să se așeze lângă tine. Mintea ta subconștientă știe ce înseamnă atunci când îți inviți Sufletul Geamăn să vină să stea lângă tine în acest loc sigur. Ți-ai invitat Sufletul Geamăn în viața ta acum. Dacă este ceva ce dorești să-i spui Sufletului tău Geamăn, comunică-i acest lucru și ascultă dacă are ceva să-ți comunice la rândul său. Continuă să petreci cât de mult timp dorești cu Sufletul tău Geamăn.

Stai în această energie cu iubitul tău Suflet Geamăn până când te simți complet cu acest exercițiu.

Nu mai este nimic de făcut. Exercițiul s-a încheiat și ai comunicat subconștientului tău și a TOT ceea ce ești, decizia pe care ai luat-o de a-ți aduce Sufletul Geamăn în viața ta. Acesta este cel mai important lucru pe care-l poți face pentru a-ți atrage Sufletul Geamăn: alege să îl ai în viața ta.

Două dintre cele mai puternice calități pe care le avem sunt alegerea și liberul arbitru. Nu există nimic care să ne poată lua alegerea și liberul arbitru. Cele mai intime principii ale Ființei noastre sunt alegerea și liberul arbitru. Ai libertatea de a alege, iar alegerile tale au o putere extraordinară, de care, poate că nici măcar nu ești încă conștient. A alege să-ți inviți Sufletul Geamăn în exercițiul de mai sus, înseamnă a alege să ai Sufletul Geamăn în viața ta permanent. Ca să-ți fi ales cu adevărat Sufletul Geamăn, trebuie mai întâi să-i doreşti. Simte-te liber să repeţi acest exerciţiu de fiecare dată când simţi că *ai ales diferit*. Poţi face acest exerciţiu de câte ori doreşti şi este o modalitate minunată de a te conecta cu ei în timp ce eşti în procesul de a te reuni în Uniunea Armonioasă a Sufletelor Gemene.

Atragerea Sufletului tău Geamăn

Ai deja dorinţa pentru Sufletul tău Geamăn şi ai dovedit-o investind în materiale care să te ajute să te apropii de Uniunea ta. Acum, indiferent dacă ai făcut sau nu exerciţiul, vom continua să atragem Sufletul tău Geamăn lucrând prin tot ceea ce apare în interiorul tău. Este posibil să fi experimentat deja o schimbare subtilă în realitatea şi energia ta de când ai aflat despre această carte şi chiar de când ai luat-o în mână şi ai citit printre pagini. S-ar putea să te simţi diferit, sau nu, dar un lucru este sigur: dacă ai finalizat exerciţiul de alegere a Sufletului Geamăn, viaţa ta este pe cale să se schimbe. S-ar putea să nu fie dramatic la început, de fapt, va fi probabil foarte subtil şi poate chiar complet neobservabil. A face o alegere schimbă totul. Alegerile tale au o putere extraordinară şi poţi folosi această putere pentru a crea în realitatea ta.

Chiar acum, îţi voi arăta cum să-ţi atragi Sufletul Geamăn. La fel de sigur ca şi $2 + 2 = 4$. Îţi vei atrage Sufletul Geamăn dacă urmezi cu precizie paşii prezentaţi în această carte. Atragerea Sufletului tău Geamăn poate fi uşoară, deşi ai putea fi tentat să renunţi de multe ori pe parcurs. Dar dacă renunţi, poţi alege oricând să te urci din nou pe cal, completând *Exerciţiul de Meditaţie pentru Atragerea Sufletului tău Geamăn*.

Este timpul să continuăm împreună călătoria Sufletelor Gemene. Acest lucru nu este „woo-woo", nu este nici magie și nu este o făcătură, este cea mai simplă și fundamentală lege a Universului și despre ea s-a scris de veacuri. Da, este *Legea Atracției* în acțiune; principiul organizatoric al Universului nostru. Îți voi arăta pas cu pas exact cum să-ți atragi Sufletul Geamăn. Vei fi condus de la decizia ta, la întâlnire, până la a ÎȚI PĂSTRA Sufletul Geamăn pentru tot restul vieții tale în Uniunea Armonioasă a Sufletelor Gemene.

Dumnezeu mi-a spus că 80% din toate Uniunile de Suflete Gemene se despart înainte de a apuca să petreacă o viață împreună. Acest lucru se datorează dificultății enorme pe care sufletele o întâmpină în a păstra un iubit și un învățător atât de puternic în viața lor pe Pământ. Am decis cu cea mai mare convingere să investesc în Uniunea mea cu Sufletul Geamăn pe viață și-ți voi arăta instrumentele pe care le am, astfel încât să poți crea și tu o Uniune Armonioasă a Sufletelor Gemene de neoprit și permanentă. Persoanele aflate în orice fel de relație, chiar și cu sufletul pereche, pot folosi aceste instrumente pentru a crea și ele relații fericite, sănătoase și echilibrate. Depinde de tine să folosești instrumentele așa cum îți dorești. Fără instrumentele pe care ți le prezint, statistica lui Dumnezeu îmi spune că majoritatea oamenilor probabil nu vor rezista în Uniunea Sufletelor Gemene pentru o viață întreagă. Dar, cu îndrumarea corectă, deciziile corecte și instrumentele potrivite, POȚI fi cu Iubirea ta Desăvârșită pentru tot restul vieții tale veșnice. Nu mă crezi? Nu-i nimic. Nu este necesar să crezi fără dovezi. Dar singurul mod în care poți afla este să devii cu sinceritate un învățăcel avid și să te angajezi în procesul pe care ți-l arăt. Trebuie doar să parcurgi pașii. Nu trebuie să crezi că drumul spre Phoenix te va duce acolo din Los Angeles, trebuie doar să-l conduci. Sau să îl parcurgi pe jos, dacă ești nebun.

Fii Prezent cu ce se Ivește

Lucrurile de acest gen se întâmplă în viața ta atât de natural și automat încât probabil că nici nu vei observa diferența. Nu trebuie să realizezi că se întâmplă pentru ca tu să-ți continui călătoria Sufletelor Gemene. Dar trebuie să fii prezent cu ceea ce apare. Trebuie să înfrunți, să fii conștient și să fii prezent cu orice se întâmplă în viața ta și cu ceea ce se întâmplă în interiorul tău.

Imaginează-ți că ai făcut *Exercițiul de Meditație pentru Atragerea Sufletului tău Geamăn*, iar o săptămână mai târziu un nou potențial partener apare în viața ta. Imaginează-ți pentru un moment că acest partener nu este absolut deloc ceea ce cauți. Îți dorești Sufletul Geamăn! Îți dorești Iubirea ta Desăvârșită. De aceea citești această carte. Dar Sam Schmoe își face apariția pregătit să te ia pe sus pentru câteva luni, sau o săptămână, apoi nimic. Nimic! De câte ori te-ai întâlnit cu Sam? Trei? Cinci? Destul de multe? Sunt pe cale să-ți spun să te întâlnești din nou cu Sam, chiar dacă Sam clar nu este Sufletul Geamăn.

Iată care sunt parametrii în cadrul cărora fac recomandarea: Dacă întâlnirea cu Sam te stimulează, te atrage și-ți îmbogățește experiența de viață, atunci fă-o. Ieși cu Sam Schmoe. Sam este poarta de acces către Sufletul tău Geamăn. Sam îți arată ceva, îți face semn să mergi mai departe spre realitatea Sufletelor Gemene dorită. Sam îți arată ce trebuie să faci pentru a-ți atrage Sufletul Geamăn, iar Sam fie se va retrage în mod natural pentru a-ți dezvălui următorul pas, fie se va dezvălui ca fiind adevăratul tău Suflet Geamăn deghizat! S-ar putea să fie nevoie să te întâlnești cu Sam și să elimini tiparele existente în tine pentru a ajunge la Sufletul tău Geamăn. Acestea sunt tiparele care te împiedică să fii fizic cu Sufletul tău Geamăn chiar acum. Aceștia sunt pașii pe care trebuie să-i faci pentru a-ți dezvălui Sufletul tău Geamăn adevărat.

Unul dintre tiparele tale ar putea fi atragerea aceluiași tip de partener care te abuzează și profită de tine, iar și iar. Unul dintre tiparele tale ar putea fi, de asemenea, să găsești pe cineva care arată și sună perfect, dar care sfârșește prin a nu fi ceea ce părea la început. Tiparul tău ar putea fi chiar să fugi de cineva care încearcă cu adevărat să se conecteze și să te iubească. Curăță-ți tiparele și vei deschide calea către Sufletul tău Geamăn.

Este în siguranță să te întâlnești cu Sam, este în siguranță să explorezi cu Sam, este sănătos și firesc pentru tine să treci prin experiența ta cu Sam. Poate că Sam nu-și dorește aceleași lucruri ca și tine, dar probabil că ceva la Sam te va stimula, te va ademeni, te va face să vrei să te întâlnești cu el și te va face să vrei să-l cunoști mai bine. Această energie însuflețitoare este cea care te va determina să vrei să te conectezi cu el și acest sentiment special este cel pe care trebuie să-l urmezi pentru a-ți atrage Partenerul Perfect. Această energie pe care o simți, aceeași energie pe care o simți când alegi să fii cu Sufletul tău Geamăn, va apărea și va dispărea de-a lungul vieții tale, de nenumărate ori. Acest lucru este normal. Acesta este firul secret pe care trebuie să-l urmezi. La celălalt capăt al acestui fir secret se află Iubirea ta Desăvârșită, Sufletul tău Geamăn și Iubirea Perfectă.

Nu te agita să cauți sentimentul când acesta dispare. Firul secret te va conduce întotdeauna la următorul pas și numai la acela. Aproape întotdeauna dispare atunci când ajungi la ușă și treci prin ea. Până când îți arată următoarea ușă, treaba ta este să continui să lucrezi prin ceea ce te-a condus de la început. S-ar putea să treacă săptămâni, luni sau ani până când va apărea din nou, dar trebuie să fii credincios acestui sentiment pentru a te regăsi la ușa Sufletului tău Geamăn. Sam este doar un exemplu obișnuit a ceea ce se întâmplă atunci când îți alegi Sufletul Geamăn.

În cele din urmă, este important să continui să te îndrepți în interiorul tău și să faci munca spirituală pentru a găsi toate blocajele pe care le ai și care te împiedică de fapt să-ți găsești și să-ți atragi Sufletul Geamăn, și să atingi Uniunea Armonioasă cu acesta. Îți poți chema adevăratul Suflet Geamăn din nou și din nou, dar dacă de fapt adăpostești o mare teamă și rezistență în a te întâlni cu Sufletul tău Geamăn și în a fi cu acesta, sau te simți nedemn de acesta și de dragostea lui, de exemplu, atunci blochezi de fapt abilitatea de a-l întâlni în fizic sau de a-l recunoaște cu adevărat ca fiind Sufletul tău Geamăn, dacă această persoană a fost deja în viața ta fizică într-un fel sau altul.

În capitolul următor te învăț cum să dizolvi astfel de blocaje și să le înlocuiești cu adevărul Iubirii. Aceasta este calea către Sufletul tău Geamăn în Uniune Armonioasă permanentă și este cheia eliberării tale spirituale de iluzie către Conștiința-Unirii.

Capitolul 5

Exercițiul Oglinzii:
Singurul Instrument De Care Ai Nevoie

Prin intermediul acestei cărți, vei fi condus într-o călătorie către Sufletul Geamăn și Uniunea Armonioasă cu acesta. Nu-ți face griji dacă simți că nu ai încă niciuna dintre piese puse cap la cap, ele sunt așezate cu grijă pentru tine într-o ordine foarte specială. Ți se arată exact ceea ce ai nevoie pentru a găsi și a menține o Uniune Armonioasă permanentă a Sufletelor Gemene cu Omologul tău Divin.

Împărtășesc cu tine cel mai puternic instrument al meu pentru a te ajuta să-ți atragi Sufletul Geamăn și să-i păstrezi pentru totdeauna, de la Uniunea Armonioasă la Uniunea Perfectă. Acest unic instrument este atât de puternic încât poate fi folosit în orice situație pentru a te ajuta să creezi orice îți dorești în realitatea ta, dar, în scopul acestei cărți, îl vom direcționa spre găsirea și menținerea Uniunii Sufletelor Gemene. Este un proces specific și științific pe care îl împărtășesc și care este la fel de fiabil și repetabil ca și constanta matematică pi („π" = 3,14159), care este raportul dintre circumferința unui cerc și diametrul lui.

Unul dintre scopurile primare ale *Exercițiului Oglinzii* este de a-ți recăpăta puterea față de tot ceea ce te face nefericit și de a-ți da seama că nimic din afara ta nu te poate face vreodată fericit, da, asta include chiar și Sufletul Geamăn. Așadar, dacă este adevărat că nimic din afara ta nu te poate face fericit, atunci există ceva în interiorul tău care blochează fericirea care în mod natural rezidă permanent în tine. Sufletul tău Geamăn nu te poate face fericit. Doar relația ta cu Dumnezeu poate crea fericirea. **Vibrând spre Uniunea Armonioasă cu Dumnezeu, vei atrage în mod natural Sufletul tău Geamăn în viața ta** *(indiciu, indiciu)*. Dar pentru a ajunge în acest loc, trebuie să începem să creăm oportunități de a intra în interiorul nostru și de a vindeca blocajele care ne împiedică fericirea și Uniunea Armonioasă cu Sufletul Geamăn.

Între Shaleia și mine, am experimentat și explorat multe modalități de vindecare diferite din întreaga lume. Nimic nu s-a apropiat de puterea de vindecare a *Exercițiului Oglinzii*. Meditația este o practică minunată, dar este o cale foarte lentă pe cont propriu în atingerea iluminării, mai ales dacă nu ești cu adevărat un meditator expert avansat sau nu ai un maestru spiritual iluminat. Dacă combini Exercițiul Oglinzii cu meditația, yoga, rugăciunea sau orice alte practici spirituale pe care le ai, vei beneficia foarte mult și-ți vei accelera foarte mult progresul spiritual. Exercițiul Oglinzii nu intră în conflict cu nici o practică spirituală. Le completează perfect și se susține absolut și puternic de una singură ca practică spirituală primară. Exercițiul Oglinzii este cea mai fundamentală practică spirituală a mea și a lui Shaleia; a doua este meditația, contemplația și rugăciunea; iar în al treilea rând, facem zilnic citiri în cărți oracol pentru noi înșine cu Dumnezeu. Am ales aceste practici spirituale specifice pentru că sunt cele mai potrivite pentru stilul nostru de viață și pentru modul nostru individual și unic de a ne conecta și de a dialoga cu Divinitatea.

Motivul pentru care spun că Exercițiul Oglinzii este mai puternic decât meditația pentru a ajunge la iluminare, așa cum mulți sunt învățați, este pentru că Exercițiul Oglinzii este conceput pentru a merge în toate locurile în care te simți cel mai inconfortabil în interiorul tău și pentru a le vindeca prin conștientizarea iubirii. În meditația tradițională nu trebuie să te duci nicăieri în conștiința ta unde nu vrei, sau să mergi în locuri din conștiința ta de care nici măcar nu ești conștient încă; dar pentru a avea Sufletul Geamăn, trebuie să vindeci locurile centrale din conștiința ta care sunt supărate și care au nevoie de rezolvare și ușurare, în special în domeniul iubirii necondiționate și al iubirii romantice.

Exercițiul Oglinzii: O Metodă Nouă & Mai Rapidă pentru Realizarea Uniunii Divine

Această practică sacră a *Exercițiului Oglinzii* te poate ajuta și te va ajuta pe tot drumul către iluminarea ta, cunoscută și sub numele de auto-realizare sau ascensiunea ta. Acesta va fi următorul tău pas firesc odată ce vei atinge Uniunea Armonioasă permanentă a Sufletelor Gemene. Exercițiul Oglinzii nu se încheie până când nu intri în Uniunea Perfectă (ascensiunea/iluminarea) cu Divinul și cu Sufletul tău Geamăn. Acest lucru se va întâmpla simultan, în aceeași clipă sfântă.

Exercițiul Oglinzii devine din ce în ce mai ușor cu timpul. Este important să ai un jurnal sau un bloc de notițe special pentru a scrie Exercițiul Oglinzii în timp ce ești în cursul stăpânirii acestuia. Îți sugerăm cu tărie acest lucru până când vei stăpâni elementele de bază ale Exercițiului Oglinzii și vei elibera orice fel de rezistență la efectuarea acestui exercițiu spiritual. Pe măsură ce eliberezi rezistența de a face Exercițiul Oglinzii și devii foarte priceput în pașii de bază, vei începe să înveți cum să faci Exercițiul Oglinzii în mod automat în conștiința ta atunci când apar supărări. Pe măsură ce ajungi la această etapă, s-ar putea să trebuiască să-ți iei timp pentru a fi singur și să faci Exercițiul Oglinzii în interiorul tău cu supărarea (sau supărările), dar pe măsură ce devii și mai stăpân pe sine, „scopul final" este să fii capabil să faci Exercițiul Oglinzii cu supărările tale și să le vindeci în mod fluid, chiar în timp ce te afli în chinurile trăirii unei supărări.

Pe măsură ce te apropii de Uniunea Armonioasă cu Sufletul Geamăn, vei dori să ai Exercițiul Oglinzii stăpânit până în acest punct. Asta pentru că atunci când Sufletul tău Geamăn se comportă într-un mod care te supără, în loc să escaladeze spre o ceartă sau să te închizi emoțional și să te distanțezi, vei fi capabil și suficient de matur din punct de vedere spiritual pentru a face Exercițiul Oglinzii pe loc pentru a-ți vindeca supărarea cu Sufletul tău Geamăn. Pe măsură ce faci acest lucru cu Sufletul Geamăn și, de asemenea, cu celelalte relații ale tale (ele nu sunt excluse de la Exercițiul Oglinzii pe care îl faci asupra unei supărări pe care o provoacă în tine), îți asumi întreaga responsabilitate pentru sentimentele, emoțiile și vindecarea ta în tot ceea ce apare în experiența ta și în conștiința ta. Tu ești întotdeauna responsabil de oglindirea a tot ceea ce apare în tine, nimeni altcineva nu este responsabil pentru munca ta spirituală și nici nu va fi vreodată.

Sufletul tău Geamăn și celelalte relații ale tale nu sunt obligate să facă *Exercițiul Oglinzii* sau să vindece o supărare între voi doi. Doar tu ești responsabil pentru fericirea ta. **Nimeni nu are putere asupra ta pentru a te face să te simți în _NICIUN_ fel, sub nicio formă.** Acest lucru este uriaș, te invit să meditezi la puterea frazei mele anterioare, pentru că, dacă o vei face, vei realiza în cele din urmă cât de liberator este acest lucru pentru tine și pentru ceilalți oameni și relațiile tale cu ei. Nu vei mai dori niciodată să joci rolul de „victimă" sau să le permiți altora care joacă același tipar comportamental, pentru că Adevărul este prea puternic.

Am avut oameni care au *trăit* pentru a încerca să mă facă nefericit și, în cele din urmă, au fost expulzați din experiența mea, pentru că eu susțin întotdeauna doar Divinul în mine și în relațiile mele, iar ei trebuie fie să aleagă să se schimbe pentru a se potrivi cu vibrația mea, fie să vibreze în afara realității mele.

Cu Sufletul Geamăn există un set de reguli diferite față de cele ale unei relații non-Suflete Gemene. Acest lucru se datorează faptului că sunteți literalmente Unul în esență cu Sufletul Geamăn; pe măsură ce alegi iubirea și vindecarea prin efectuarea Exercițiului Oglinzii, ei experimentează această unitate rezultată în interior, de asemenea, vei începe să observi rezultate interne și externe pozitive în cadrul Uniunii cu Sufletul tău Geamăn. Pe măsură ce începi să observi semne clare că, făcând munca de oglindire a supărărilor tale și de vindecare autentică a acestora, experimentezi pacea, ușurarea și unitatea pe care ți-o dorești în viața ta și cu Sufletul Geamăn.

Nici nu vă pot spune de câte ori oamenii din *Twin Flame Ascension School* au utilizat Exercițiul Oglinzii pentru a vindeca un blocaj de comunicare cu Sufletul lor Geamăn și, cu iubire blândă, răbdare și perseverență, au fost deblocați pe rețelele de socializare de către Sufletul lor Geamăn! Sau chiar cum o elevă a școlii mele și a Shaleiei și-a dedicat viața intens *Exercițiul Oglinzii*, învățăturilor noastre și sprijinului școlii noastre și grupului nostru de pe Facebook (Twin Flames Universe: Open Forum), și a ajuns efectiv în Uniunea Armonioasă permanentă a Sufletelor Gemene; iar acum ea și Sufletul ei Geamăn îi învață și pe alții cum să facă ceea ce înveți tu acum în această carte.

Totuși, faza cu vindecarea unui blocaj este că s-ar putea să îl fi vindecat, dar apoi un alt strat al acelui blocaj se dezvăluie. Așadar, nu fi surprins sau supărat atunci când ai jurat că ai vindecat o supărare de a fi abandonat, de exemplu, iar mai târziu experimentezi din nou o supărare de a te simți abandonat. Aceasta este o durere traumatică profundă, cu multe straturi, dar pe măsură ce continui să te vindeci, straturile se desprind până când se rezolvă complet, rămânând doar iubirea acolo unde ai simțit cândva durere și goliciune. Nu-ți poți controla vindecarea, poți doar să te predai și să simți ușurare în a o preda complet lui Dumnezeu. Promisiunea credinței în Dumnezeu este că nu vei fi abandonat.

Alegerea compasiunii radicale față de sine, față de Sufletul tău Geamăn și față de ceilalți din lume este absolut esențială pentru a vibra spre Conștiința Uniunii Armonioase. Nu este niciodată potrivit să te învinovățești pentru că o supărare a ieșit la suprafață, mai ales dacă este o supărare pe care crezi că ai vindecat-o deja definitiv.

Postura corectă este iubirea de sine și compasiunea, și revino la Exercițiul Oglinzii și aprofundează-te în iubirea de sine. Această iubire pe care o cultivi pentru tine însuți este un pilon fundamental pentru Uniunea Armonioasă a Sufletelor Gemene, deoarece ceea ce realizezi în mod activ este iubirea necondiționată Divină. Fără a alege iubirea necondiționată pentru tine, pentru Geamănul tău și pentru ceilalți, nu vei putea manifesta Uniunea Armonioasă, deoarece **Uniunea Armonioasă poate crește și înflori doar în solul imaculat al iubirii necondiționate.**

Așa cum voi vă doriți foarte mult iubirea și acceptarea necondiționată din partea iubitului tău Suflet Geamăn, și acesta își dorește foarte mult acest lucru de la tine, dar trebuie să ți-o acorzi mai întâi ție însuți și apoi să i-o oferi lui atunci când el face în mod clar o ofertă de iubire și acceptare necondiționată față de tine. Uneori, Sufletul tău Geamăn are nevoie să experimenteze o lecție de a fi cu cineva pe plan sentimental în timp ce tu îți faci Exercițiul Oglinzii și munca spirituală pentru a fi cu ei. Aceasta este o experiență în care mulți sunt provocați. Indiferent de ceea ce se întâmplă cu Sufletul tău Geamăn, ai de gând să iubești și să ai încredere în Sufletul tău Geamăn pentru a-și experimenta propriile lecții spirituale, iubindu-i în același timp necondiționat și acceptându-i? Sau vei fi furios, vei pedepsi și vei încerca să-i controlezi? Felul în care-ți tratezi Sufletul Geamăn este în relație directă cu felul în care te tratezi pe tine însuți. Dacă alegi să eliberezi controlul asupra Sufletului tău Geamăn și a lecțiilor lui spirituale, precum și să eliberezi controlul asupra modului în care te percepe acesta (mulți oameni încearcă să-și pună o fațadă de „perfecțiune"), vei experimenta că Sufletul tău Geamăn va crește în atracție și atragere față de tine, deoarece ești o lumină radiantă de autenticitate, iubire necondiționată și acceptare. Cine nu găsește asta atractiv? Sufletul tău Geamăn este atras în mod natural de autenticitatea ta. Doar tu fiind tu însuți, și nu tu „photoshopat" sau controlându-te pe tine însuți, sau experiența ta de viață. *Exercițiul Oglinzii* este, de asemenea, conceput pentru ca tu să te îndrăgostești de adevăratul tău sine autentic, ceea ce, în mod automat, îți magnetizează Sufletul Geamăn către tine și-ți adâncește Uniunea Armonioasă odată ce ai realizat-o.

Exercițiul Oglinzii: Tot ce ai Nevoie pentru a Atrage și a Obține Uniunea Armonioasă a Sufletelor Gemene

Cum funcționează mai exact Exercițiul Oglinzii în raport cu conștiința ta? Experiența ta externă este creată în conștiința ta internă. Conștiința ta internă se bazează pe alegerile, gândurile și sentimentele tale. Acest lucru se datorează faptului că gândurile și sentimentele tale apar dintr-o alegere fundamentală de a te simți bine sau rău, iar gândurile și sentimentele ulterioare sunt un rezultat al acestei alegeri. Viața ta nu se întâmplă în afara ta, viața ta se întâmplă în interiorul tău și se exprimă în exterior prin magnetizarea experiențelor vibraționale către tine. Chiar și acum, în timp ce citești aceste cuvinte, le citești în interiorul tău folosind viziunea ta, care este interpretată în interiorul creierului tău; iar modul în care gândești și te simți în legătură cu ceea ce citești se întâmplă în interiorul tău acum și pe parcursul experienței tale cu cartea. Așadar, atunci când Sufletul tău Geamăn, Dumnezeu sau alte relații pe care le ai te declanșează (asta este ceea ce numim „supărare"), este pentru că ele oglindesc un gând/credință pe care o ai și care nu este aliniată cu Mintea Divină, care este conștiința Raiului și care este starea ta naturală de bine. Aceste supărări îți arată calea de întoarcere Acasă, dacă alegi în mod activ vindecarea ta și Unirea ta Armonioasă cu Divinitatea și cu tine însuți. Acesta este motivul pentru care poți accelera foarte mult în călătoria ta spirituală folosind sacrul Exercițiu al Oglinzii. Însăși esența sa este concepută pentru a-ți obține nu doar Uniunea Armonioasă a Sufletelor Gemene, ci și o cale clară și directă de întoarcere la starea ta interioară perfectă. Poți chiar să folosești Exercițiul Oglinzii pentru a vindeca afecțiunile fizice și bolile din tine și din ceilalți (și eu am făcut-o), dar acesta este un subiect pentru o altă carte.

În acest capitol, îți voi da patru exemple de utilizare a Exercițiului Oglinzii. Folosește Exercițiul Oglinzii ori de câte ori ești *supărat*. Două dintre exemple vor prezenta interacțiuni supărătoare în domeniul familiei și al muncii, în timp ce celelalte două interacțiuni vor prezenta cele mai frecvente supărări pe care oamenii le au cu Sufletul Geamăn. Aceste două supărări comune sunt:

1. **Sunt supărat pe Sufletul meu Geamăn pentru că nu comunică cu mine.**
2. **Sunt supărat pe Sufletul meu Geamăn pentru că nu vrea să fie cu mine.**

Să începem mai întâi acest exercițiu cu un exemplu simplu de supărare ipotetică pe care o ai în domeniul familiei. Imaginează-ți că sora ta te hărțuiește constant ori de câte ori vorbești cu ea. O suni și ea te hărțuiește. Te prezinți la o cină de familie și ea te hărțuiește. Mănânci un sandviș delicios pe bulevard cu bunul tău prieten iar sora ta te vede și începe să te hărțuiască. De ce te hărțuiește? Este pentru că te iubește! Nu vreau să spun că te hărțuiește pentru că te iubește. Vreau să spun că Sinele ei Divin te iubește atât de mult încât este dispus să oglindească în tine unde ești nealiniat în interiorul tău. Practic, este doar Dumnezeu care te iubește prin ea, pentru ca tiparul tău să fie curățat. Cum oglindește ea ceva pentru tine? Ea îți reflectă faptul că, în conștiința ta, te hărțuiești într-un fel sau altul.

În timp ce urmărești exemplele oferite, folosește-ți propria poveste personală pentru a completa Exercițiul Oglinzii. Ce poveste ar trebui să folosești? **Orice lucru care te supără acum** și, de preferință, ceva care te supără cel mai tare. De obicei, în Uniunea mea cu Shaleia, vom experimenta o grămadă de supărări emoționale și spirituale care ies la suprafață pentru a fi eliberate cu una sau mai multe probleme deodată. Este ca o ceapă spirituală care se desprinde strat după strat și care, atunci când este vindecată, se transformă într-o frumoasă floare de lotus. Nu trebuie să deținem controlul asupra a ceea ce iese la suprafață pentru a fi vindecat la un moment dat, deoarece procesul este foarte natural și organic. Nimic nu se produce așa cum ne așteptăm, iar acesta este un lucru foarte, foarte bun. Din acest loc al răbdării și al detașamentului putem trece cu ușurință prin orice apare în noi în acest moment și putem avea încredere că ceea ce se eliberează este în interesul nostru cel mai bun și cel mai înalt, precum și în interesul cel mai înalt al Uniunii noastre Armonioase a Sufletelor Gemene.

În Uniunea Armonioasă și pre-Armonioasă a Sufletelor Gemene, multe gânduri și credințe nealiniate, bazate pe conștiința de separare, vor ieși la suprafața conștiinței voastre pentru vindecare. Vei avea nevoie de un proces specific, simplu și conștient, care să te ajute să treci peste provocările tale, altfel vei descoperi că tu și Sufletul tău Geamăn ați dezvoltat temuta „Dinamică de Fugar a Sufletelor Gemene". Asta este atunci când ambii parteneri, la un anumit nivel, aleargă în direcția opusă Uniunii lor. Observați cum am omis partea de „urmăritor" din ceea ce oamenii cred că este „dinamica fugar/urmăritor"? Acest lucru se datorează faptului că Sufletul tău Geamăn oglindește modul în care te respingi pe tine însuți undeva în conștiința ta. Alergarea și fuga de fapt nu se pot întâmpla logic decât în cazul unei relații non-Suflete Gemene. Dar dacă fie fugi, fie îți urmărești Sufletul Geamăn, este pentru că fugi de tine însuți undeva în adâncul sufletului. Făcând Exercițiul Oglinzii pe această supărare, vei merge mai adânc și vei rezolva complet această problemă. Când Sufletul tău Geamăn te supără, este pentru că Sufletul tău Geamăn reflectă ceva în tine care nu este aliniat cu Sinele tău Divin. Sinele tău Divin este partea din tine care există întotdeauna ca iubire pură și este denumită și Sinele tău Superior. Așa că, de fapt, îți faci ceva în conștiința ta pentru a te supăra și de aceea ești supărat pe altcineva în primul rând. Exercițiul Oglinzii este un instrument puternic pentru a aborda și a elimina aceste supărări din realitatea ta, pentru ca tu să poți nu numai să experimentezi mai multă pace, iubire și fericire, ci și să vindeci blocajele fundamentale care te împiedică în mod direct de la Uniunea ta Armonioasă de Suflete Gemene.

Exercițiul Oglinzii:
PASUL UNU

Scrie o propoziție concisă despre ce anume te supără. Încearcă să înțelegi care este exact supărarea ta fundamentală atunci când o scrii, astfel încât să fii clar și succint.

"Sora mea mă supără pentru că mă hărțuiește de fiecare dată când vorbesc cu ea!"

Există câteva părți în acest sens:

Cine – sora mea.
Ce – mă supără!
De ce – pentru că mă hărțuiește.
Unde/când – de fiecare dată când vorbesc cu ea.

Acum ai toate părțile Pasului Unu al Exercițiului Oglinzii. Felicitări! Dacă nu ai reușit încă să-l înțelegi pentru povestea ta, ne putem imagina o supărare cu Riley, colegul tău de serviciu, pentru a-ți oferii in continuare mai multă claritate. Imaginează-ți că, în timp ce lucrezi cu Riley de câteva luni, începi să simți că Riley nu mai oferă la fel de mult în relația voastră de muncă. Riley se așteaptă ca tu să te dedici mai mult la locul de muncă decât o face Riley, așa că, în esență, tu trebuie să te străduiești mai mult la locul de muncă, iar angajatorul tău se așteaptă ca tu să continui să dai aceeași cantitate de energie sau mai multă. Așadar, pe o bucată de hârtie ai scrie:

„Riley mă supără pentru că se așteaptă de la mine să ofer mai mult la locul de muncă și la relația noastră de muncă decât sprijinul pe care îl primesc înapoi de la el/ea."

Care sunt părțile?

Cine – Riley.
Ce – mă supără.
De ce – pentru că se așteaptă ca eu să ofer mai mult decât ceea ce primesc de la el/ea.
Unde/când – în relația noastră de la muncă.

Acum, hai să facem Pasul Unu al Exercițiului Oglinzii pentru cele mai frecvente două supărări pe care oamenii le au cu Sufletul lor Geamăn. Există multe variații diferite ale acelorași supărări pe care le ofer în aceste două exemple, așa că, de fapt, poți folosi exact aceleași exemple de mai jos, dacă acestea sunt supărările tale fundamentale cu Sufletul tău Geamăn, și/sau le poți modifica pentru a exprima o supărare specifică pe care o ai și care este fie similară, fie diferită de exemplele oferite mai jos.

"Sunt supărat pe Sufletul meu Geamăn pentru că nu comunică cu mine pe rețelele de socializare/e-mail/telefon, etc."

Cine – Sufletul meu Geamăn.
Ce – mă supără.
De ce – pentru că nu comunică cu mine.
Unde/când – pe rețelele de socializare/e-mail/telefon, etc.

„Sunt supărat pe Sufletul meu Geamăn pentru că nu vrea să fie cu mine sau să aibă ceva de-a face cu viața mea. Sunt supărat pentru că mă simt abandonat și trădat de Sufletul meu Geamăn."

Cine – Sufletul meu Geamăn.
Ce – mă supără.
De ce – pentru că nu vrea să fie cu mine și mă simt abandonat și trădat din această cauză.
Unde/când – în viața mea/noastră.

În recapitularea Pasului Unu: Scrie într-o singură propoziție concisă supărarea pe care o simți. Fă tot posibilul să identifici rădăcina supărării tale față de persoana respectivă. Acest lucru este important pentru a clarifica supărarea mai profundă din interiorul tău care, în cele din urmă, reprezintă un blocaj fundamental și o supărare pentru Uniunea Armonioasă a Sufletelor Gemene. Vindecarea acestei supărări înseamnă că ești cu un pas mai aproape de Uniunea ta!

Exercițiul Oglinzii:
PASUL DOI

Scrie din nou propoziția de la Pasul Unu, dar *schimbă toate substantivele cu pronume* și îndreaptă-le spre tine. De exemplu:

Exemplul A:

PASUL UNU: "Sora mea mă supără pentru că mă hărțuiește de fiecare dată când vorbesc cu ea!"

PASUL DOI: "Eu mă supăr pe mine, pentru că mă hărțuiesc de fiecare dată când vorbesc cu mine însumi!"

Exemplul B:

PASUL UNU: "Riley mă supără pentru că se așteaptă ca eu să dau mai mult în relația noastră de muncă decât primesc de la el/ea."

PASUL DOI: "Eu mă supăr pe mine însumi pentru că aștept de la mine să ofer mai mult relației cu mine decât primesc de la mine însumi."

Exemplul C:

PASUL UNU: "Sunt supărat pe Sufletul meu Geamăn pentru că nu comunică cu mine pe rețelele de socializare/e-mail/telefon, etc."

PASUL DOI: "Sunt supărat pe mine pentru că eu nu comunic cu mine însumi."

Exemplul D:

PASUL UNU: "Sunt supărat pe Sufletul meu Geamăn pentru că nu vrea să fie cu mine sau să aibă ceva de-a face cu viața mea. Sunt supărat pentru că mă simt abandonat și trădat de Sufletul meu Geamăn."

PASUL DOI: "Sunt supărat pe mine pentru că nu vreau să fiu cu mine sau să am de-a face cu mine însumi. Sunt supărat pe mine pentru că mă simt abandonat și trădat de mine însumi."

Exercițiul Oglinzii funcționează pentru că viața ta exterioară este întotdeauna o reflecție a tuturor nivelurilor conștiinței tale, care este creată de alegerile fundamentale din mintea ta. Ceea ce alegi în interiorul tău este ceea ce se creează în exteriorul tău. Acesta este rezultatul și adevărul Legii atracției. Precum înăuntru, așa și în afară. Aceste neplăceri sau supărări sunt neplăceri sau supărări în *interiorul tău*. Creezi automat în exterior ceea ce ți se reflectă din interiorul tău.

Sora hărțuitoare? Da, în acest exemplu, ea îți reflectă modul în care te hărțuiești pe tine însuți. Fiecare reflecție este total personală și niciodată universală între aceleași experiențe și persoane. Numai tu poți determina gândurile, sentimentele și credințele nealiniate pe care le ții în interior și care îți provoacă supărări.

Problema relației cu colegul de muncă, Riley? În acest exemplu, Riley îți reflectă modul în care tu nu îți oferi ție însuți și cum te aștepți să oferi mai mult în relații decât îți oferi ție însuți, așa că, de fapt, nu ai nimic de oferit relațiilor tale până când nu alegi să începi să-ți oferi ție însuți. Poate că, în acest exemplu, a-ți oferi ție însuți ar fi o limită iubitoare și fermă cu privire la ceea ce vei face și ceea ce nu vei face. În felul acesta începi să cultivi respectul și încrederea de sine și să-i înveți pe ceilalți cum să te trateze în mod corespunzător în orice împrejurare.

Sufletul tău Geamăn care nu vrea să vorbească cu tine? Îți reflectă în mod direct felul în care tu nu comunici cu un aspect al tău. S-ar putea să te gândești: „Ce înseamnă asta? Cum nu comunic cu mine însumi?". Ei bine, poate că-ți ignori nevoile, îți ignori intuiția, ignori să stabilești o limită sănătoasă cu tine și cu ceilalți, ignori să te asculți pe tine însuți, îți ignori sexualitatea și nevoile sexuale, creativitatea, spiritualitatea, ghidarea ta divină și semnele care vin prin tine și prin alte persoane și situații, frumusețea, inteligența și puterea ta, copilul tău interior, ignori ceea ce-ți spun finanțele tale; ignori să fii cu Sinele tău Divin și să cultivi o relație reală de iubire cu tine însuți. Lista cu posibilele moduri în care te eviți și te neglijezi pe tine însuți ar putea continua, dar ai prins ideea. Undeva, în interiorul tău, nu vorbești cu tine însuți: cu Sinele tău Divin. Dar poți să vindeci acest lucru alegând să nu-ți mai ignori Sinele Divin în niciun fel, ci să alegi să te asculți pe tine însuți și să dezvolți o relație mai bună cu tine însuți, astfel încât să nu mai experimentezi această supărare în continuare, sau ca iubitul tău Suflet Geamăn să nu-ți vorbească.

Sufletul tău Geamăn nu vrea să fie cu tine? În acest exemplu, Sufletul tău Geamăn oglindește modul în care tu nu vrei să fii cu tine însuți. Poate că încerci să obții ceva de la cineva din afara ta. Da, acest lucru include cu siguranță și Sufletul tău Geamăn, pentru că nu vrei să primești iubire de la tine însuți sau de la Dumnezeul din interiorul tău. Încerci să o obții de la Sufletul tău Geamăn și astfel el te îndepărtează. Ești magnetic în mod natural pentru Sufletul tău Geamăn doar atunci când ești complet înăuntrul tău, decât atunci când ești într-o stare de nevoie, care este o energie respingătoare. Ești împlinit numai prin și doar prin Iubirea Divină a lui Dumnezeu. În clipa în care ai „nevoie" de ceva care să te împlinească, te implici într-un comportament de codependență și te uiți la Sufletul tău Geamăn ca Sursă, mai degrabă decât la Dumnezeu ca Sursă a ta. Sufletul tău Geamăn nu poate înlocui niciodată rolul lui Dumnezeu și al Iubirii lui Dumnezeu pentru tine. Mulți ar dori să-și trateze Sufletul Geamăn în acest fel, dar este un rol nepotrivit în care să-l plasezi, deoarece acesta nu sunt Creatorul tău. Aceasta nu poate veni niciodată din experiența sau adevărul de a te iubi din locul în care te-a creat în Divinitate și Iubire perfectă.

Există multe alte exemple în care nu vrei să fii cu tine însuți pentru că nu te simți confortabil să fii singur cu tine însuți și cu Sinele tău Divin, dar asta este oportunitatea oferită de a deveni cu adevărat cel mai bun prieten al tău, mai presus de oricine altcineva în afară de Dumnezeu. Sufletul tău Geamăn este cel mai bun prieten al tău, dar Dumnezeu este cel mai bun prieten al tău în primul rând, apoi tu și APOI Sufletul tău Geamăn. Aceasta este *ordinea corectă* a relației. Vei observa totuși că, a fi cel mai bun prieten al tău, este practic același lucru ca și cum Dumnezeu este cel mai bun prieten al tău, iar Sufletul tău Geamăn este și devine în mod natural cel mai bun prieten al tău ca urmare a priorităților tale de mai sus.

Când nu vrei să fii cu tine însuți sau cu Dumnezeu, experimentezi abandonul, care se simte ca o trădare, pentru că așa și este. Dumnezeu nu te-ar putea abandona niciodată. Dacă Dumnezeu ar fi creat abandonul, atunci acesta ar fi real, dar este o iluzie deoarece Dumnezeu creează doar perfecțiunea, iar noi suntem Unul cu iubitul nostru Creator. Atunci când nu vrei să fii cu tine însuți, te abandonezi pe tine însuți și astfel te deschizi experienței de a fi abandonat de alții (acesta este modul în care funcționează oglindirea). Dar dacă îți deschizi Logica Divină, vei vedea, așa cum am văzut și eu, că nu poți fi abandonat de cineva care nu te-a revendicat niciodată cu adevărat ca fiind al său. Așadar, nu ai fost niciodată abandonat pentru că nu ai fost niciodată revendicat de aceștia în primul rând, ci doar ai experimentat iluzia bazată pe credința că ai fost revendicat în iubire de către aceștia. Oamenii care își abandonează relațiile practică și autoabandonarea, altfel ar fi incapabili de acest act. Așadar, simte compasiune pentru ei și pentru ceilalți atunci când realizezi acest lucru. Atunci când alegi să nu te mai abandonezi și începi să te asculți și să te iubești acolo unde ai nevoie, încetezi să te abandonezi pe tine însuți și dezvolți încrederea de sine, iubirea și siguranța de sine. Ca urmare, Sufletul tău Geamăn își va schimba părerea despre faptul că nu vrea să fie cu tine, pentru că, revendicându-te pe tine însuți, revendici TOTUL din tine, ceea ce include în mod natural și Sufletul tău Geamăn, pentru că și ei sunt tot tu.

Observi cum exemplele C și D sunt atât de interconectate? Asta pentru că cele două supărări sunt practic aceeași supărare în esență.

Există o mulțime de indicii acolo cu privire la modul în care s-ar putea să te abandonezi pe tine însuți și cum să vindeci acest lucru.

Exercițiul Oglinzii:

PASUL TREI

Acum întreabă-te: „Există ORICE adevăr în această afirmație?". Răspunsul este întotdeauna „Da", pentru că se află în experiența ta. Dacă dorești, mergi mai profund până când găsești rădăcina problemei. Dar, așa cum a spus odată faimosul Buddha, „Scoate ghimpele și mergi mai departe. Nu te uita la el". Deoarece, dacă psihanalizăm fiecare detaliu al originii unei supărări, ne pierdem concentrarea de la a ne îndrepta pur și simplu spre acea parte din noi înșine care cere iubire, iar analiza excesivă a unei supărări este o formă de control și de evitare a parcurgerii Pasului Patru. Iubește-te doar pe tine însuți făcând Pasul Patru și treci la vindecarea următoarei supărări care apare.

Hai să aplicăm acest lucru la supărarea din exemplul A:

> *„Mă supăr pe mine însumi pentru că mă hărțuiesc de fiecare dată când vorbesc cu mine însumi!"*

Acum întreabă-te sincer dacă există ORICE adevăr în această afirmație. Nu te grăbi și contemplează cum ar putea fi adevărat în conștiința ta. Se poate ca eu să mă hărțuiesc pe mine însumi? În ce circumstanțe mă hărțuiesc pe mine însumi? Răspunsul tău ar putea arăta cam așa:

„Da, mă hărțuiesc. Am observat că de fiecare dată când vorbesc cu mine însumi în gând, îmi spun lucruri negative și cred că nu sunt perfect în unele sau în toate privințele. Presupun că, dacă altcineva mi-ar spune aceste lucruri, m-aș simți hărțuit de aceștia. De asemenea, sunt sigur că dacă aș fi spus vreodată aceste lucruri altcuiva, aceștia s-ar simți hărțuiți și presați de mine. Așa că, da, această afirmație este foarte adevărată pentru mine." (*Indiciu: amintește-ți că răspunsul este întotdeauna „Da"*).

Să continuăm cu exemplul B:

„Mă supăr pe mine însumi pentru că mă aștept să ofer mai mult în relația mea decât ceea ce primesc de la mine."

Există orice adevăr în această afirmație?

„Da. Nu îmi ofer ceea ce am nevoie și mă aștept să ofer mai mult în relațiile mele decât sunt în măsură să dăruiesc. Fac acest lucru pentru că sper să obțin de la relațiile mele ceea ce aleg să nu-mi ofer mie însumi. Știu că îmi pot vindeca ciclul comportamentelor de codependență, pentru că știu că Dumnezeu este sursa mea de vindecare și fericire, nu alți oameni."

Acesta este motivul pentru care comportamentul lui Riley te deranjează atât de mult. Riley îți reflectă partea nealiniată din tine care nu-ți oferă ceea ce ai nevoie! Supărarea ta nu are nicio legătură cu Riley, ești supărat doar de ceea ce *îți faci tu însuți în propria ta conștiință!*

Supărarea ta față de tine însuți este motivul pentru care îl experimentezi pe Riley ca și colegul tău de serviciu în momentul acesta, iar el te ajută să vindeci un blocaj fundamental pentru Uniunea cu Sufletul tău Geamăn! Lucrează la aceste probleme în interiorul tău, pe măsură ce Riley ți le prezintă ca o reflecție din interiorul tău, iar Riley va fi înlăturat în mod natural (sau se va alinia cu noua ta vibrație); permițând desfășurarea următorului pas către Sufletul tău Geamăn și Uniunea Armonioasă. Nu trebuie să fie Riley, Sufletul tău Geamăn sau sora ta cea care îți va prezenta probleme și provocări. Oamenii din jurul tău, chiar și cineva în trecere te pot face să te simți supărat. Este de datoria ta, pe măsură ce te îndrepți spre Iubirea ta Desăvârșită, să elimini aceste tipare, astfel încât să îți deschizi calea spre Uniunea Armonioasă a Sufletelor Gemene și să îți menții permanent Uniunea Armonioasă. Efectuarea Exercițiului Oglinzii este o activitate care nu se oprește până când nu atingi Uniunea Perfectă (discut mai în profunzime despre Uniunea Perfectă într-un capitol ulterior).

Trecând mai departe la exemplul C:

"Sunt supărat pe mine însumi pentru că nu comunic cu mine însumi."

Există orice adevăr în această afirmație?

„Da. Nu comunic cu Sinele meu Autentic. Cred că dacă îmi exprim cine sunt cu adevărat în interior voi fi respins de Sufletul meu Geamăn. Știu că respingerea Sinelui meu Autentic înseamnă să abandonez cine sunt în interior, dar nu știu cum să mă simt în siguranță fiind eu însumi în preajma celorlalți și mai ales a Sufletului meu Geamăn."

Încă o dată, poți vedea că supărarea ta nu are de fapt nimic de-a face cu Sufletul tău Geamăn, dar are totul de-a face cu tine. Nu poți controla modul în care ceilalți percep, experimentează sau reacționează față de tine. Nici măcar nu este treaba ta să-ți pese. Datoria ta este să exprimi doar iubirea autentică și expresia creativă care ești. Faptul că Sufletul tău Geamăn te îndepărtează este doar o oportunitate pentru tine de a merge mai adânc în a iubi cine ești în esența ta, și nu de a controla modul în care arăți sau ești pentru Sufletul tău Geamăn. Controlul modului în care arăți sau ești creează blocaje în ceea ce privește intimitatea cu Sufletul tău Geamăn, deoarece blochezi intimitatea cu tine însuți.

În cele din urmă, să ne uităm la exemplul D:

„Sunt supărat pe mine însumi pentru că nu vreau să fiu cu mine însumi sau să am ceva de-a face cu viața mea. Sunt supărat pe mine însumi pentru că mă simt abandonat și trădat de mine însumi."

„Da, este adevărat. Mă chinui să pot fi în compania mea cu Dumnezeu și cu Sinele meu Divin pentru mult timp, sau chiar deloc. Nu sunt mulțumit sută la sută de viața mea, așa că mă amorțesc și creez modalități de a scăpa de ceea ce nu-mi place la mine și în viața mea. Observ că mă abandonez și mă trădez pe mine însumi pentru că nu mă ascult, dar ascult de ceea ce vor alții de la mine și acționez în funcție de ei și de dorințele și nevoile lor în ceea ce mă privește pe mine și viața mea."

După cum vezi, Sufletul tău Geamăn te iubește în totalitate, arătându-ți gândurile și acțiunile tale fundamentale nealiniate, care nu corespund cu Uniunea ta Armonioasă de Suflete Gemene. Dacă nu poți fi în propria ta companie, compania Sinelui tău Divin, și să asculți și să acționezi în conformitate cu Sinele tău Divin, nu poți fi în prezența Sufletului tău Geamăn pentru mult timp, sau chiar deloc, pentru că, încă o dată, ei sunt Unul cu tine. Cum poți fi pentru mult timp în prezența Sufletului tău Geamăn dacă abia poți suporta să fii în prezența Sinelui tău Autentic și Divin? Nu funcționează, iar Sufletul tău Geamăn oglindește acest lucru pentru tine. Uniunea Armonioasă a Sufletelor Gemene este o Iubire Divină și de aceea te învățăm cum să te aliniezi cu ea pentru a avea permanent Uniunea ta Armonioasă. Încă o dată, nu este vorba despre tine „fiind perfect". Tu ești deja perfecțiune. Este vorba de a elimina doar blocajele fundamentale ale iubirii către Uniunea ta Armonioasă de Suflete Gemene, iar pe măsură ce aplici acest exercițiu și învățăturile noastre din această carte și experimentezi rezultatele pozitive ulterioare, te vei simți încurajat să continui. Pentru a avea Uniunea Armonioasă a Sufletelor Gemene, trebuie să te angajezi în munca și procesul spiritual pe care îl împărtășim cu tine și să te implici în totalitate. Dacă te implici doar pe jumătate în această muncă, vei obține rezultate doar pe jumătate. Dacă te implici total, vei obține rezultate totale. Nu ai nimic de pierdut și doar tot ce este Divin de câștigat.

Când în sfârșit îți vei întâlni Sufletul Geamăn, te vei confrunta cu atât de multe probleme mărunte, cum ar fi exemplele de supărări pe care le împărtășim, și care au potențialul de a vă azvârli pe tine și pe Sufletul Geamăn în direcții opuse. Totuși, nu merită. Nu merită să-ți pierzi Sufletul Geamăn din cauza acestor mici supărări. Doar practică exercițiul și supărările vor fi o problemă ușor de rezolvat. Dacă alegi să nu faci Exercițiul Oglinzii, atunci aceste mici supărări ar putea să-ți ruineze șansele de Uniune Armonioasă cu cel mai Perfect Iubit al tău. Nu lăsa să-ți scape asta. Nu-ți poți permite să o faci! Sari peste orice altă parte a cărții în afară de *Exercițiul Oglinzii*. Nu sări peste acest lucru. Îți datorezi ție și Sufletului tău Geamăn să înveți acest material și să-l folosești. Nu poți atinge Uniunea Armonioasă a Sufletelor Gemene fără acesta. Ai încredere în mine, pentru că acesta este procesul care a condus la succesul meu și al altor cupluri din Twin Flame Ascension School, care au obținut în cele din urmă Uniunea Armonioasă cu Sufletul lor Geamăn. Dacă alegi să faci această muncă, te numeri printre puținii care vor atrage și vor PĂSTRA Uniunea Armonioasă cu Sufletul Geamăn pentru viața eternă. Exercițiul Oglinzii încă mă uimește de fiecare dată când îl fac. Dar îl fac și funcționează pentru a-mi vindeca blocajele fundamentale față de persoana iubită de fiecare dată, chiar dacă îmi este greu să le privesc. Dacă funcționează, este real, iar dacă este real, funcționează. Nici măcar nu trebuie să înțelegi cum sau de ce funcționează pentru a finaliza pe deplin procesul. Te invit să finalizezi procesul și vei culege recompensele și beneficiile pe tot parcursul acestuia. Un beneficiu major al recompensei este adevărata pace interioară, fericirea și niveluri mai profunde de iubire cu Sufletul tău Geamăn, indiferent dacă l-ai întâlnit încă sau nu.

Să recapitulăm pașii pe care i-am parcurs până acum:

PASUL UNU: Scrie într-o propoziție concisă supărarea cu care te confrunți.

PASUL DOI: Scrie propoziția din nou, dar schimbă toate substantivele în pronume, astfel încât să fie îndreptate către tine.

PASUL TREI: Întreabă-te: „Există ORICE adevăr în această afirmație?" și aprofundează până când găsești rădăcina problemei, dar tu ești inteligent și un geniu spiritual, așa că știi deja că răspunsul este „Da", pentru că asta este ceea ce experimentezi ca rezultat al experienței și conștiinței tale.

Va trebui să scrii acest exercițiu pe măsură ce îl faci. Învățătoarea mea spirituală a subliniat acest lucru de atâtea ori cu mine și avea dreptate. Magia s-a întâmplat de fiecare dată când am scris la Pasul Unu, apoi am scris din nou la Pasul Doi, când am întors cuvintele pentru a arăta spre mine. Acesta este cel mai bun mod de a-l învăța și de a te angaja în această nouă practică spirituală pentru a-ți aduce Uniunea Armonioasă Permanentă a Sufletelor Gemene. În cele din urmă, vei fi suficient de experimentat pentru a-l face în minte oriunde te duci, dar nu poți ajunge acolo până când nu te vei simți confortabil cu acest proces scriindu-l mai întâi pe un caiet sau într-un jurnal special.

Exercițiul Oglinzii:
PASUL PATRU

Vorbește cu partea interioară din tine care cauzează problema și iubește-te.

Aici are loc vindecarea și unde sora ta hărțuitoare, sau Sufletul tău Geamăn care te-a ignorat, nu te mai deranjează. Atunci când nu mai simți supărarea în realitatea ta și simți ușurare în vibrația ta, este clar că ai reușit într-adevăr să o vindeci. Dacă aceasta continuă să apară din nou, și din nou, și din nou, continuă să faci Exercițiul Oglinzii până când descoperi de fapt rădăcina problemei și o vindeci. Uneori, vindecarea are loc în straturi. Când în cele din urmă ai vindecat-o, nu va mai apărea din nou în experiența ta. **Când hărțuirea surorii tale încetează cu adevărat să te mai supere sau încetează cu totul, înseamnă că ai vindecat complet acest aspect al tău.** Este straniu cum funcționează și sunt uimitoare rezultatele pe care le poți culege dacă îți faci munca interioară.

Deci, să ne uităm din nou la propoziția din Pasul Doi:

„Mă supăr pe mine însumi pentru că mă hărțuiesc de fiecare dată când vorbesc cu mine însumi".

Vom merge și vom vorbi cu acea parte din noi înșine care, în acest exemplu, ne hărțuiește pe restul din noi. Să purtăm un dialog imaginar. Pentru a face acest lucru, trebuie să fim capabili să înfruntăm și să ascultăm partea din noi înșine care cauzează problema. Așadar, ne centrăm în noi înșine și vorbim cu energia din noi care simte supărarea.

„Bună, de ce mă hărțuiești?"

Răspunsul este: „Ei bine, pentru că nu ești frumos, perfect și bun".

Îi răspunzi instinctiv, în timp ce cunoști adevărul: „Știu că sunt frumos, perfect și bun în ochii lui Dumnezeu".

Acum ai început deja să-ți oferi iubire acolo unde a existat o lipsă de iubire. După aceasta, aștepți și vezi dacă îți mai răspunde ceva. Uneori, acesta ar putea fi sfârșitul. Ai declarat că ești frumos, perfect și bun pentru partea care anterior credea altceva, poate că asta este tot ceea ce trebuia să faci. Problema este apoi rezolvată doar prin iubirea ta de sine. Dar, poate auzi ceva de genul: „Nu, nu ești perfect. Când aveai cinci ani, mama ta ți-a spus să te piepteni ca să arăți bine, dar te-ai dus la petrecerea aniversară din acea zi fără să te piepteni. Nu ești perfect, așa că nu ai cum sa fii iubit".

În acest caz, poți vorbi cu copilul rănit din interiorul tău și să-i reamintești că este demn de iubire și absolut frumos, divin de perfect și bun. Ai putea îmbrățișa copilul și să-i trimiți iubire aducându-l în cel mai adânc centru al inimii tale.

Trebuie doar să găsești sursa locului din tine care nu iubește și să îi oferi iubirea pe care o cere.

După aceea, persoana din interiorul tău care spune că nu ești frumos, perfect Divin sau bun va fi integrată în sinele tău întreg, iar experiența ta de a fi supărat atunci când sora ta încearcă să te hărțuiască nu va mai avea loc, deoarece cunoști adevărul despre tine însuți. S-ar putea chiar să înceteze cu totul să te hărțuiască, pentru că nu mai există un buton pe care să apese. Acest exercițiu funcționează ca prin magie. Vei dori să te obișnuiești cu acesta înainte de a te întâlni cu Sufletul Geamăn, pentru că supărările vor veni rapid și cu putere atunci când ești cu Geamănul tău. Motivul pentru care energia Sufletelor Gemene este mai puternică se datorează faptului că energia Sufletelor Gemene este foarte amplificată în comparație cu energia dintre sufletele pereche sau a altor relații romantice; acest lucru se datorează faptului că acesta este cea mai perfectă și mai clară oglindă a gândurilor, sentimentelor și alegerilor tale.

Hai să facem exemplul cu Riley pentru a aduce mai multă claritate acestui exercițiu:

PASUL UNU: Scrie într-o propoziție concisă supărarea pe care o resimți:

> „Riley mă supără pentru că el/ea se așteaptă ca eu să ofer mai mult în relația noastră de muncă decât îmi oferă el/ea mie".

PASUL DOI: Scrie din nou propoziția, dar schimbă toate substantivele în pronume și îndreaptă-le spre tine:

„Mă supăr pe mine însumi pentru că mă aștept să dau mai mult în relația mea decât ceea ce primesc de la mine."

PASUL TREI: Întreabă-te: "Există ORICE adevăr în această afirmație?" și, dacă este necesar, mergi mai adânc, până când găsești rădăcina problemei:

„Da, este adevărat, pentru că nu îmi ofer ceea ce am nevoie și mă aștept să dau mai mult în relațiile mele decât sunt capabil. Fac acest lucru pentru că sper că pot obține de la relațiile mele ceea ce nu îmi ofer deja."

PASUL PATRU: Vorbește cu partea din tine care cauzează problema și iubește-te pe tine însuți:

Închide ochii și imaginează-ți că acea partea de tine care nu este aliniată stă lângă tine. „De ce speri că poți obține de la relațiile tale mai mult decât ceea ce nu-ți oferi deja ție însuți?", i-ai putea spune.

„Pentru că nu vreau să fiu iubit. Vreau să evit să fiu iubit pentru că nu merit iubire", ar putea răspunde aceasta.

"Oh, dar tu meriți iubire!", ai putea spune, făcând o pauză pentru a asculta orice alt răspuns. Dacă simți că nu apare nicio problemă mai profundă, poți apoi întreba acea parte din tine de ce are nevoie pentru a se simți demnă de iubire.

„Am nevoie să fiu ținut în brațe și să mi se spună că merit iubire", ar putea spune aceasta.

Îți va spune întotdeauna de ce are nevoie pentru a se simți iubită. Tot ce trebuie să faci acum este să oferi acelei părți din tine exact ceea ce ți-a spus că are nevoie pentru a simți că merită iubire. Fă-o doar în imaginația ta. Îmbrățișează acea parte din tine în imaginația ta și spune-i că merită iubire. Odată ce simți că acea parte din tine a fost iubită complet, ai terminat Exercițiul Oglinzii. Unul dintre beneficiile psihologice și fiziologice ale pasului de vizualizare din cadrul Exercițiului Oglinzii este că *s-a dovedit științific faptul că creierul nu face diferența între ceea ce vezi și experimentezi în lumea fizică și ceea ce vezi și experimentezi atunci când îți folosești facultățile de vizualizare și imaginație.*

Adevărul profund al acestei științe are, de fapt, un impact major asupra sănătății și vindecării tale, deoarece poți literalmente „să te întorci în timp" și să-ți vindeci copilăria oferindu-ți ceea ce nu ai avut atunci. Creierul și conștiința ta vor reacționa ca și cum copilăria ta perfectă ar fi avut loc (pentru că tu-ți oferi ție copilăria ta perfectă), iar vindecarea va avea loc deoarece căile sinaptice din creierul tău vor începe să se reconecteze spre pozitivitate, fericire și bunăstare, decât spre depresie, anxietate și alte dezechilibre mentale și psihologice. Shaleia s-a concentrat în mod special pe vindecarea copilăriei sale, când s-a întors „în timp" în mintea ei și s-a vindecat de faptul că nu a fost alăptată de mama ei și nu a fost ținută suficient în brațe când era bebeluș și copil mic. Ea a vizualizat și, ulterior, a experimentat faptul că a fost un copil ale cărui nevoi au fost perfect satisfăcute; ea a vizualizat că a fost perfect iubită, ținută în brațe și alăptată de Mama Divină. Shaleia și-a dat seama că faptul că nu a avut aceste experiențe de legătură de bază cu părinții ei a avut un impact asupra ei pe tot parcursul vieții și până la vârsta adultă. Ea nu mai resimte acele consecințe negative datorită pasului puternic de vizualizare din Exercițiul Oglinzii. În mintea Shaleiei, ea a avut o copilărie minunată și nu mai experimentează supărări ca urmare a faptului că nu a primit satisfacerea nevoilor sale de către părinții ei biologici atunci când era bebeluș și copil. Atunci când copilăria ta este pe deplin vindecată, ești apoi capabil să pășești în explorarea și experimentarea adevăratei tale maturități.

Revenind la ceea ce am menționat mai devreme, poți ști cu siguranță că ți-ai finalizat vindecarea atunci când nu mai simți că așteptările neplăcute de muncă ale lui Riley te supără. Dacă încă ai probleme în a finaliza Pasul Patru sau ai nevoie de un mic impuls pentru a te iubi, atunci încearcă să adaugi următorul exercițiu de vizualizare pentru a încheia acest pas.

Exercițiu de Vizualizare pentru Exercițiul Oglinzii: Pasul Patru Punctul Unu

Închide ochii și imaginează-ți că te întâlnești cu partea din tine care nu se simte iubită, pe care ai identificat-o ca fiind cea care a creat problema apărută. Invit-o să se apropie de tine, apoi invit-o într-o îmbrățișare. Îmbrățișează acea parte din tine cu inima deschisă, aducând-o adânc într-o îmbrățișare plină de iubire. Spune-i acelei părți din tine cât de mult o iubești și trage-o și mai aproape de tine. Dacă nu s-a topit complet în tine și nu a devenit parte din tine, oferă-i mai multă iubire. Alege să iubești în întregime partea din tine care cere iubire.

Rețeta este întotdeauna mai multă iubire. Iubește acea parte din tine de zece ori mai mult, de o sută de ori mai mult, de un trilion de ori mai mult. Poți chiar să-ți imaginezi o lumină albă sau colorată radiind din centrul inimii tale și învăluind acea parte cu lumina ta iubitoare perfectă. Mintea ta subconștientă va face toată treaba pentru tine dacă alegi să vizualizezi și să iubești această parte din tine care nu este aliniată cu iubirea. Odată ce simți că această parte din tine este iubită și integrată și ușurată în pace, ești complet.

Pașii Exercițiului Oglinzii:

PASUL UNU: Descrie într-o propoziție concisă supărarea pe care o experimentezi.

PASUL DOI: Scrie din nou propoziția, dar schimbă toate substantivele în pronume pentru a se îndrepta înspre tine.

PASUL TREI: Întreabă-te: „Există ORICE adevăr în această afirmație?". Răspunsul este întotdeauna „Da".

PASUL PATRU: Vorbește cu partea din tine care cauzează supărarea și iubește-te până când simți pace, ușurare și împlinire în interior. Fă exercițiul de vizualizare pentru a continua această vindecare, dacă este necesar.

Exercițiul Oglinzii: Idei Finale

Exercițiul Oglinzii este un instrument puternic pentru a-ți atrage Sufletul Geamăn și pentru a atinge Uniunea Armonioasă permanentă a Sufletelor Gemene. Este puternic pentru că-ți aduce o nouă finalizare a unei lecții sau provocări, ceea ce reprezintă un pas mai aproape de Sufletul tău Geamăn și de Uniunea Armonioasă. Acest lucru se datorează faptului că eliberează blocajele care nu-ți permit să-ți ridici vibrația pentru a te alinia cu energia Uniunii Armonioase a Sufletelor Gemene și să experimentezi niveluri mai profunde de iubire. Atunci când îți alegi Sufletul Geamăn (așa cum ai făcut-o în *Exercițiul de Meditație pentru Atragerea Sufletului tău Geamăn*), începi călătoria ta de Suflete Gemene către o Uniune Armonioasă permanentă.

Atunci când faci o alegere, puterea alegerii tale începe imediat să-ți aducă exact ceea ce ai cerut. Poți folosi puterea alegerii tale pentru a atrage orice. În acest caz, mergem pas cu pas spre Sufletul tău Geamăn în Uniune Armonioasă. Când alegi să fii cu Sufletul tău Geamăn, tot ce ai nevoie pentru a-ți atrage Sufletul Geamăn va veni la tine în ritmul perfect pentru tine, iar resursele vor fi puse la dispoziție pe măsură ce îți revendici sprijinul pentru Uniunea Armonioasă. Uneori, vei întâmpina provocări care te vor face să te simți supărat. Atunci când te simți supărat în orice fel, efectuează *Exercițiul Oglinzii* pentru a elimina supărarea. Dacă nu ești ca mine, probabil că nu vei crede că supărarea este despre orice altceva decât altcineva. Dar, dacă ești dispus să suspenzi raționamentul și să mergi mai adânc, efectuează pur și simplu exercițiul în timp ce ești supărat și vei descoperi că este eficient pentru a-ți vindeca supărarea la un nivel intern profund și, de obicei, la cauza fundamentală. Fă-ți un obicei în relația ta, în Uniune sau în experiența ta de viață, să te retragi pentru câteva minute de fiecare dată când observi că te superi. Shaleia și cu mine luăm în mod regulat pauze de la certuri pentru a merge să facem Exercițiul Oglinzii. De multe ori, atunci când ne întoarcem unul la celălalt, nu mai avem de ce să ne certăm și experimentăm o mai bună comunicare, unitate și o intimitate autentică mai profundă. Dacă nu există, facem Exercițiul Oglinzii până când se întâmplă.

Dacă experimentezi ceva ce știi că nu este în concordanță cu Sinele tău Divin, dar nu crezi că simți o supărare, atunci este foarte probabil că ești amorțit. O femeie a venit recent la mine spunând că partenerul ei o abuza, dar ea nu se simțea supărată din această cauză, această conștientizare mi-a permis să-i indic cât de amorțită era când era vorba de experimentarea abuzului. I-am explicat că este în siguranță să-și simtă sentimentele și să-și recunoască supărarea de a fi abuzată. Apoi am ajutat-o să-și identifice supărarea fundamentală, adică supărarea pe ea însăși pentru că a abuzat de ea însăși. Ea a putut apoi să facă ultimii doi pași ai Exercițiului Oglinzii și mi-a mulțumit cu recunoștință pentru că am ajutat-o să-și vindece istoricul ei de lungă durată de abuz în relații.

Cu fiecare finalizare a Exercițiului Oglinzii și cu fiecare supărare vindecată, te aduci cu un pas mai aproape de Sufletul tău Geamăn și de Uniunea Armonioasă. Nu-ți face griji dacă nu înțelegi cum să-l faci de primele câteva ori. Continuă să repeți Exercițiul până când înțelegi cum să-l faci și intri în fluxul lui. Este absolut și fără echivoc esențial dacă vrei cu adevărat să îți menții Uniunea veșnică cu Sufletul Geamăn în armonie perfectă. Vei realiza rapid de ce este important să practici Exercițiul Oglinzii în Uniunea ta, dacă dorești să o menții pe măsură ce intri și te apropii de Sufletul tău Geamăn. De fapt, vei realiza și aprecia cât de minunat este acest instrument pe tot parcursul călătoriei tale de a fi în Uniune Armonioasă și în Uniune Perfectă împreună. În cele din urmă, luarea deciziei de a stăpâni Exercițiul Oglinzii va schimba modul în care îți trăiești realitatea și îți va da puterea de a stăpâni crearea conștientă a fiecărui aspect al vieții tale, care te include pe tine și pe Sufletul tău Geamăn într-o Uniune Armonioasă Permanentă.

În cele din urmă, vei începe să faci Exercițiul Oglinzii scriindu-l de nenumărate ori, iar eu te încurajez să faci acest lucru pentru o perioadă destul de lungă de timp, până când vei simți măiestria de a cunoaște și de a finaliza acest lucru în interior, și îți vei da seama că scrierea lui nu mai servește procesului tău. În cele din urmă, vei ajunge să poți face acest proces în mintea ta, inversând substantivele și apoi iubindu-te pe tine însuți. Când vei fi maestru în *Exercițiul Oglinzii*, nu vei mai avea nevoie să parcurgi etapele; vei descoperi că recunoști o supărare în realitatea ta, o vei **simții** imediat în propria conștiință și apoi **îți vei oferi în mod natural iubirea de care ai nevoie.** Exercițiul Oglinzii se transformă într-o meditație, ceva ce poți face în mod organic și fluid în viața ta de zi cu zi, dar care va necesita întotdeauna atenția ta conștientă și o concentrare specifică.

Nu te lăsa păcălit și nu fii prea ambițios crezând că poți sări imediat direct la măiestrie, pentru că trebuie să ai răbdare și să lucrezi pentru a stăpâni mai întâi procesul de bază. Stăpânirea procesului înseamnă că ai fundația interioară corectă pe care să te sprijini și să te deplasezi în mod corespunzător către obiectivul tău. Îți poți realiza Uniunea Armonioasă Permanentă cu Sufletul tău Geamăn doar dacă ai **o mare dorință de a învăța și o mare dorință de a te schimba.** Aceasta este dispoziția și calitățile corecte pe care le are orice student spiritual adevărat și devotat, iar aceasta este o lecție pe care toată lumea trebuie să o învețe. Trebuie să înveți pașii prin scriere. Trebuie să înveți procesul de simțire. Trebuie să înveți cum să identifici supărările din propria conștiință. Trebuie să înveți precizia absolută de a *scrie* pașii pe care Exercițiul Oglinzii ți-i oferă și ți-i cere. Iar când vei face acest lucru, află că în cele din urmă vei putea să-l faci cu maximă ușurință și eficiență oriunde te-ai afla în viața ta de zi cu zi, pentru că acolo ai atins măiestria.

Capitolul 6

Uniunea Armonioasă a Sufletelor Gemene: Păstrarea Sufletului Geamăn pentru Restul Vieții

Câte filme Disney sunt despre găsirea Iubirii Adevărate? Walt Disney a știut ceva autentic când a făcut toate acele filme, care continuă să inspire atât de mulți oameni cu speranță pentru propria lor Iubire Adevărată. Știa că Iubirea Adevărată este reală. Filmele nu au arătat cum să obții Iubirea Adevărată, doar că ea există. Îți este arătat cum în această carte. Iubirea ta Adevărată este reală, și Iubirea ta Adevărată așteaptă chiar după colț ca tu să faci decizia de a vă reuni, și să-ți urmezi sentimentele de a fi cu aceștia mereu. Aceasta este cu adevărat prima și ultima dată când te vei îndrăgosti, iar iubirea dintre tine și Sufletul tău Geamăn continuă să devină din ce în ce mai profundă și să se extindă pentru toată eternitatea. Este o ușurare imensă ca, în sfârșit, acest aspect al vieții tale să fie rezolvat pentru totdeauna.

Sufletul tău Geamăn nu trebuie să ia nicio decizie pentru a veni la tine, dar precum Shaleia și eu am descoperit, noi luăm aceleași decizii pentru a veni unul la celălalt în același timp pentru că suntem Unul în esență. Suntem conectați atât de intrinsec, încât alegerile noastre au un impact puternic asupra alegerilor Sufletului nostru Geamăn. Sufletul tău Geamăn este conectat cu tine mereu, poți să îl simți în inima ta chiar acum dacă faci o pauză și alegi să simți că este acolo la nivel energetic. Acea persoană ESTE dorul ce îl simți, acea persoană ESTE iubitul pe care îl cauți zi de zi, moment după moment. Acea persoană ESTE reală și ESTE iubitul potrivit să-ți îndeplinească fiecare dorință pe care o ai într-o conexiune romantică și un parteneriat de viață. Acest lucru este mult mai mult decât a avea o "conexiune și aventură amoroasă 5D", însă este de fapt o punte de legătură între separare și o relație fizică foarte reală, așa cum ați fost creați în mod natural să fiți.

Am petrecut o perioadă semnificativă de timp scriind toate dorințele pe care le aveam pentru o femeie. Odată am glumit cu mine însumi când am scris această Listă a Calităților, pentru că aș avea literalmente nevoie de o duzină de femei pentru a îndeplini chiar și cea mai mare parte din ceea ce îmi doream de la o femeie de pe această listă. Dar ghici ce? Shaleia este *tot* ceea ce se află pe lista mea și mult mai mult decât atât. Meriți și ai un partener care te completează în toate privințele. Meriți și ai un iubit ce va împlini și satisface fiecare nevoie și dorință pe care o ai și chiar mai mult. Meriți și ai fost creat împreună cu Partenerul tău Perfect, și o să îl ai dacă urmezi pașii care ți se prezintă aici.

Da, trebuie neapărat să iei decizia. Fă *"Exercițiul de Meditație pentru Atragerea Sufletului tău Geamăn"* dacă vrei să-ți găsești Sufletul Geamăn. Da, trebuie neapărat să-ți urmezi sentimentele și să te îndrepți către acestea, și trebuie să ai abilitatea de a curăța orice gânduri și convingeri nealiniate ce cauzează supărare înăuntrul tău folosind Exercițiul Oglinzii. Exercițiul Oglinzii te va ajuta în îndepărtarea oricărui blocaj și barieră pe care le ai înăuntrul tău, care te împiedică să fii cu Sufletul tău Geamăn. Aceasta este cheia.

Stagii ale Uniunii Armonioase de Suflete Gemene (Channelling Divin)

Când îți întâlnești Sufletul Geamăn, vei descoperi că au loc stagii specifice și clare în Uniunea ta. Există patru stagii ale unei Uniuni de Suflete Gemene și fiecare are caracteristici și experiențe unice. Nicio Uniune nu va avea un punct clar de trecere de la un stagiu la altul, deoarece este fluid. O anumită parte a Uniunii voastre poate fi în Stagiul Doi, în timp ce alta poate fi în Stagiul Patru. Totul depinde de rapiditatea cu care alegi să parcurgi aceste stagii. Cu cât mai mult tu și Sufletul tău Geamăn alegeți să lucrați la Uniunea voastră, cu atât mai repede veți trece prin aceste stagii și, în mod inevitabil, vă veți găsi complet îndrăgostiți în Uniunea Armonioasă de Suflete Gemene. Aceste stagii au loc pe tot parcursul Uniunii Armonioase de Suflete Gemene până când atingi Uniunea Perfectă cu Sufletul tău Geamăn. Acest lucru se datorează faptului că aceste stagii, incluzând Exercițiul Oglinzii, sunt concepute să continue să-ți purifice conștiința până când ascensionezi în Uniunea Perfectă cu Divinitatea și Sufletul tău Geamăn. Nu poți împiedica aceste schimbări să se întâmple odată ce ai ajuns în Uniunea ta Armonioasă cu Sufletul Geamăn, dar poți încetini procesul semnificativ.

Stagiul Unu: Decizia

După ce iei decizia de a fi cu Sufletul tău Geamăn, deja i-ai dobândit pe interior. Acest lucru nu este o greșeală. Tu ești instantaneu legat de Sufletul tău Geamăn într-un mod foarte Pământesc, real și material în momentul în care faci decizia. Nu trebuie să-ți faci griji dacă este pe planetă, sau căsătorit, sau de vârsta ta sau culoarea ta. Dacă tu decizi să fii cu Sufletul Geamăn, și acesta decide să fie cu tine. Vei descoperi de asemenea că, în momentul în care Sufletul tău Geamăn sosește, toate lucrurile care contează pentru voi pe Pământ sunt acceptabile deoarece este perfect și adecvat în Uniunea voastră ca iubiți.

Luarea unei decizii este importantă deoarece te aliniază cu Sufletul tău Geamăn. Trebuie să decizi cu privire la orice lucru pentru a te îndrepta înspre el, aceasta este Natura modului în care ești creat și este Natura Universului. Decizia este cel mai important pas. Orice altceva se întâmplă ca și rezultat al deciziei tale ferme. Vei putea observa, de asemenea, că nu este nici un stagiu înaintea deciziei, nu există nimic înainte de a lua o decizie. Doar în momentul în care iei o decizie totul se poate manifesta pentru tine. Stagiul deciziei este unul ce presupune încercări și efort. Vei fi încercat pentru alinierea ta cu Sufletul tău Geamăn. Nu vei putea să-ți vezi, auzi, simți, guști sau atingi Sufletul Geamăn până când nu vei munci pentru a te alinia cu Sufletul tău Geamăn și Uniunea Armonioasă de Suflete Gemene.

Nu trebuie să faci nimic altceva decât încercările ce apar înaintea ta: o chelneriță ce întârzie cu nota de plată înaintea zborului tău în așteptare, o mașină în fața ta în drum spre o întâlnire, un coleg de lucru ce te supără în mod regulat. Va trebui să treci toate aceste teste prin a-ți aminti adevărata ta natură ca Ființă Divină și a-ți menține vibrația înaltă. Va trebui să-ți aduci aminte că tu ești iubire, tu ești pace, tu ești în siguranță, tu ești una cu Tot Ceea Ce Există. Așa îți onorezi Sinele Divin. Urmează-ți sentimentele și *simte-ți* sentimentele cu privire la încercările ce apar. Vei simți imediat un sentiment luminos și pozitiv atunci când faci alegerea de a fi cu Sufletul tău Geamăn. Urmează acel sentiment oriunde îl găsești, și în cele din urmă vei experimenta o realitate plină de acel sentiment.

Este important să-ți urmezi inima în direcția celor mai înalte visuri și dorințe. Atunci când asculți Intuiția Divină din interiorul tău și faci pașii de acțiune ghidați de aceasta, vei reuși la propriu să trăiești în realitatea permanentă a visurilor tale. Nimic nu te poate opri din a obține viața amoroasă perfectă, doar tu poți. Inima ta este natural programată să cunoască drumul spre Casa lui Dumnezeu și către Sufletul tău Geamăn. Ascultă și urmează pașii către îmbrățișarea atotcuprinzătoare a iubirii.

Urmarea sentimentelor tale intuitive poate părea ca o realizare spirituală înaltă, dar este natural pentru tine. Este normal și firesc ca tu să te simți în siguranță, să simți iubire, să simți pace, să simți conexiunea cu totul. Este ușor să obții aceste lucruri de la un moment la altul pentru că aceasta este Natura ta Adevărată. Este mai ușor pentru tine să experimentezi pacea decât să experimentezi supărarea, pentru că pacea este starea ta naturală de a Fi.

Lucrează folosind Exercițiul Oglinzii pe care Jeff și Shaleia ți l-au arătat și vei găsi rapid și eficient alinarea tuturor supărărilor și vei înlătura blocajele către Uniunea ta Armonioasă de Suflete Gemene. Nu există o metodă mai rapidă arătată până acum omenirii de a înlătura supărări decât Exercițiul Oglinzii așa cum este explicat în capitolul precedent. Deciziile tale îți vor aduce ceea ce decizi să obții, de fiecare dată. Dar de fiecare dată, trebuie, de asemenea, să te aduci pe tine însuți în aliniere cu acea dorință.

Stagiul Doi: Întâlnirea

În fiecare manifestare există aspectul primirii. Ceri ceea ce îți dorești, te aliniezi cu ceea ce îți dorești, apoi primești ceea ce îți dorești de fiecare dată, fără excepție. În manifestarea Uniunii tale Armonioase cu Sufletul Geamăn împreună cu acesta, va veni momentul în care îl vei întâlni. Se va întâmpla pentru tine dacă iei decizia și muncești prin situațiile, supărările și circumstanțele care apar pentru a-ți aduce ceea ce-ți dorești.

Întâlnirea este un stagiu pentru că este nevoie de mult timp ca tu să-ți întâlnești Sufletul Geamăn la fiecare nivel, pentru că te întâlnești *pe tine însuți* la fiecare nivel al Ființei tale. A fost nevoie de șase luni de contact zilnic înainte ca Jeff și Shaleia să completeze stagiul lor de întâlnire. Acest stagiu este cel în care toate părțile din tine se cunosc intim cu toate părțile Sufletului tău Geamăn pe toate nivelurile posibile. Stagiul întâlnirii va dura mai mult de șase luni pentru multe Suflete Gemene ce nu se focusează în mod conștient pe dezvoltarea Uniunii lor într-un mod cât se poate de eficient pentru scopul Uniunii Armonioase a Sufletelor Gemene. Jeff și

Shaleia sunt excepționali în ceea ce privește viteza cu care au dezvoltat și permanentizat Uniunea Armonioasă a Sufletelor Gemene. Cele mai multe Uniuni vor petrece între trei și cinci ani pentru a completa pe deplin acest stagiu. Stagiile se pot suprapune și petrece în mod simultan, au descoperit Jeff și Shaleia. Al treilea stagiu al "Supărării" a început aproape imediat în Uniunea lor.

Stagiul Trei: Supărarea

Nu există alt titlu mai bun pentru a descrie experiența celui de-al treilea stagiu în Uniunea ta cu Sufletul Geamăn. "Supărarea" este cel mai potrivit pentru că asta este ce vei experimenta în majoritatea timpului în acest stagiu și ceea ce-ți va fi prezentat înaintea și în timpul Uniunii Armonioase a Sufletelor Gemene. Nu există alt stagiu mai important prin care să treci în această viață pentru a-ți păstra Sufletul Geamăn. Sufletul tău Geamăn te supără pentru că te iubește. Sufletul tău Geamăn experimentează supărări pentru că tu îl iubești. Tu nu îți superi Sufletul Geamăn în mod intenționat și acesta nu te supără în mod intenționat, pentru că fiecare dintre voi este responsabil pentru propria fericire și pace. Sufletul tău Geamăn menține o prezență iubitoare în vibrația lui și oriunde tu nu menții acea prezență în tine, vei experimenta o supărare până când te vei iubi în acel loc.

Nu-ți face griji, acest proces este conceput să fie fezabil pentru tine. Nu-ți vei experimenta toate supărările dintr-o dată. Vei experimenta o aprofundare constantă a iubirii și intimității în timp ce treci prin toate supărările tale folosind Exercițiul Oglinzii. Pe măsură ce iubirea unul față de celălalt și față de voi înșivă crește, vei experimenta supărări profunde și mai subtile ce vor ieși la suprafață pentru a fi iubite și vindecate. Odată ce te vei prinde cum funcționează acest proces, aproape poți cronometra când va veni următorul ciclu de supărări. Jeff și Shaleia au observat asta ca lucru de ceasornic, și au reușit să anticipeze următorul val, apoi următorul val de supărări. Au ales să creeze spații de pauză în mod natural între supărările lor, pe măsură cu au lucrat prin acest stagiu, știind intuitiv ce stagiu îi aștepta în continuare. Așa cum Jeff și Shaleia au învățat, este important să nu judeci supărările pe măsură ce apar, ci să le iubești și să le îmbrățișezi cu compasiune pentru că asta este ceea ce vindeci și aceasta este atitudinea corectă către vindecare ta și vindecarea Sufletului Geamăn. În mod natural, Sufletul Geamăn este reflecția ta perfectă și oglinda conștiinței ce o aveți împreună. Acesta este unul dintre cadourile pe care Sufletul tău Geamăn ți le aduce și este o binecuvântare, deoarece are capabilitatea de a vedea și de a te ajuta să fii cel mai înalt potențial al tău de Expresie Divină.

Stagiul Patru: Iubirea Necondiționată

Iubirea necondiționată este ceea ce vei experimenta în al patrulea stagiu al Uniunii Armonioase cu Sufletul Geamăn. Iubirea este în mod absolut rezultatul deciziei, lucrului prin convingeri nealiniate și primirea rezultatelor în urma înlăturării obstacolelor către iubirea dintre tine și Sufletul tău Geamăn. Vei experimenta, cu absolută certitudine, Iubirea Adevărată Divină în al patrulea stagiu al Uniunii tale Armonioase cu Sufletul Geamăn. Cel de-al treilea stagiu durează de obicei cel mai mult față de stagiile precedente, dar cu fiecare gând realiniat cu succes, cu fiecare parte din tine iubită, aduci o parte din tine până în stagiul Patru, care este un câmp magnetic atractiv pentru Sufletul tău Geamăn. Nu poți ajunge în Uniunea ta Armonioasă cu Sufletul Geamăn fără a continua acest proces de iubire și acceptare necondiționată.

Aceste stagii sunt secvențiale, dar nu sunt liniare. Nu vei constata că într-o zi ești complet în Supărare și că în următoarea ești complet în Iubire. Sunt părți din tine care sunt în Întâlnire, părți din tine care sunt în Supărare și părți din tine care sunt în Iubire, *toate în același timp*. Cu timpul, toate părțile din amândoi se vor alinia în Iubire și vei experimenta măreția cea mai deplină a adevăratei tale Uniuni Armonioase a Sufletelor Gemene cu Iubirea ta Desăvârșită.

Uniuni de Neoprit

Atât de mulți dintre noi experimentăm atracția dintre suflete pereche, și am echivalat asta cu lucrul cel mai bun pe care iubirea îl va avea vreodată pentru noi. Ne gândim, credem, vedem și experimentăm o iubire care începe fierbinte! - apoi se diminuează cu timpul. Credem că cel mai bun partener va fi acela care va avea începutul cel mai fierbinte și care va sta alături de noi pentru destul timp pentru a ne căsători cu acesta. Multe căsătorii de azi se vor sfârși prin divorț, dar nu trebuie să fie așa. Nu trebuie niciodată să te mulțumești cu o relație pentru că tu crezi că Sufletul tău Geamăn nu va apărea în viața ta, sau nu va alege să fie în viața ta în mod permanent. A fi cu Sufletul Geamăn arată și se simte diferit față de o relație de suflete pereche. Este Iubirea Adevărată pe care mulți dintre noi o caută, dar nu se întâmplă mereu așa cum Disney o portretizează.

Întâlnirea cu Sufletul Geamăn poate fi extrem de electrică. Începutul Uniunii voastre poate fi foarte fierbinte, și poate include sex delicios, dar nu trebuie să se diminueze odată cu trecerea timpului. De fapt, crește și se aprofundează pentru că Uniunea voastră poate susține acea energie deoarece a fost concepută pentru asta. Nu trebuie să se transforme dintr-un foc fierbinte într-un cărbune cald și iubitor cu timpul. Poate să se transforme din oricum ar fi la început într-o flacără durabilă a iubirii, dorinței și pasiunii. Nu contează cum începe, este important *în ceea ce evoluează*. De ce să te căsătorești cu cineva cu care ai avut câțiva ani de sinergie înflăcărată, doar pentru a-ți petrece restul vieții cu o persoană pentru care simți ușor cald sau călduț? Sufletul tău Geamăn transcende acest tipar în viața ta.

Îmi doream pe cineva cu care să-mi petrec restul vieții și să mă simt extatic pe tot parcursul ei. Am căutat și am creat în viața mea o experiență cu cineva care poate să evolueze cu mine în mod continuu în fiecare zi a vieții mele. Mi-am dorit și am atras pe cineva care să se îndrăgostească din ce în ce mai mult și mai profund de mine și, cu fiecare an care trecea, să experimentăm o iubire mai mare decât ne-am imaginat sau am experimentat până acum.

Mi-am atras Sufletul Geamăn pentru că asta mi-am dorit în mod profund. Mi-am dorit Iubita Desăvârșită cu care să-mi petrec restul vieții. Mi-am dorit să construiesc și să creez o viață împreună cu ea, să creez un parteneriat unificat, și să trăim viața visurilor noastre împreună. Povestea mea cu Sufletul meu Geamăn poate fi diferită de a ta, dar toate se pot sfârși în același mod: cu o Iubire Divină Necondiționată Eternă ce va crește la infinit, ce se va extinde la infinit, ce se va aprofunda la infinit. Uită iubirea fierbinte ce se stinge pentru că aceea este o "iubire" atât de superficială. Gândește-te la o iubire fierbinte ce devine din ce în ce mai fierbinte și profundă cu timpul. Imaginează-ți o viață sexuală unde cineva te cunoaște și te iubește atât de intim încât știe cum să-ți atingă fiecare punct sensibil din mintea, corpul și sufletul tău. Gândește-te la o viață sexuală care evoluează mereu, crește mereu, se schimbă mereu și nu este niciodată la fel. Gândește-te la o viață sexuală care este perfect împlinită, susținută și iubitoare pentru ceea ce *tu* îți dorești și ai nevoie cu adevărat. Imaginează-ți o viață împreună cu Partenerul Perfect unde fiecare aspect al relației este proiectat perfect împreună de tine și Sufletul tău Geamăn. Imaginează-ți o viață unde tu și partenerul tău vă iubiți, respectați și sprijiniți unul pe celălalt în toate zilele vieții voastre.

Să știi că în momentul în care alegi să-ți creezi Uniunea ta Armonioasă cu Sufletul Geamăn pentru eternitate, alegi o viață în care să te simți complet în parteneriatul tău intim. Alegi o viață în care iubitul tău este Aliatul tău Suprem, unde tu și partenerul tău sunteți mereu de aceeași parte. Alegi o viață în care tu și Sufletul tău Geamăn sunteți împreună pentru totdeauna. Visul Iubirii Perfecte este real, și tot ceea ce trebuie să faci pentru a-l obține este să decizi că îl vrei și să te iubești suficient de mult pentru a-l realiza.

Ce Este Uniunea Armonioasă a Sufletelor Gemene și Cum să o Obții În Mod Permanent

Uniunea Armonioasă este Uniunea Sufletească. Este căsătoria permanentă a celor doi într-unul singur. Acesta este momentul în care, la esenţa voastră, tu şi Sufletul tău Geamăn trăiţi o singură viaţă împreună. Poate să fie Uniunea Armonioasă desfăcută? Nu chiar, dar dacă nu ai învăţat cu adevărat lecţiile călătoriei tale cu Sufletul Geamăn, va trebui să le revizuieşti.

Am avut mulţi studenţi care au ajuns în Uniunea Armonioasă cu Sufletul lor Geamăn adevărat, numai ca să plece imediat după, sau chiar luni mai târziu pentru că nu au învăţat pe deplin lecţiile călătoriei lor cu Sufletul Geamăn. Dincolo de toate, Sufletele Gemene sunt o cale a ascensiunii către Dumnezeu. Da, sunt Iubitul Desăvârşit, dar numai atunci când vei înţelege cu adevărat cine este Iubitul Desăvârşit pentru tine, vei putea în cele din urmă nu doar să realizezi, dar să şi *păstrezi* Uniunea ta Armonioasă cu Sufletul Geamăn în mod permanent.

Ce este această înţelegere primordială? Este conştientizarea adevărată a faptului că **Dumnezeu este Iubitul tău Desăvârşit.** Dincolo de toate, Creatorul tău este Singura Ta Iubire Adevărată. De neînlocuit, mereu acolo, al tău în mod permanent în Uniune eternă. Nu eşti separat de Creatorul tău, doar Dumnezeu se manifestează ca Iubitul tău Desăvârşit, Sufletul tău Geamăn. Dumnezeu nu este doar Tatăl tău, Mama ta, sau o omniprezenţă ce pluteşte departe de realitatea ta externă; Dumnezeu este Iubitul tău Divin doar prin intermediul Sufletului tău Geamăn.

Acest lucru nu înseamnă că oricine poate fi Sufletul tău Geamăn, că poţi face dragoste cu oricine pentru că eşti cu Dumnezeu. Este uşor să confunzi Sufletul Geamăn cu o altă persoană dacă nu ţi-ai dezvoltat încă conştiinţa de a vedea. De asemenea, ar putea fi ușor să crezi că poți face dragoste cu oricine, pentru că îl vezi pe Dumnezeu în ei. Aceasta este o modalitate excelentă de a îți scurge energia sexuală înspre epuizare totală și îmbătrânire. Părul ți se va încărunți, pielea ți se va încreți, iar energia îți va scădea pentru că ceea ce este menit Uniunii tale este menit doar ție și Sufletului tău Geamăn.

Vezi tu, Dumnezeu este Sufletul tău Geamăn, iar acesta este însăși Ființa pe care o iubești, adori și dorești atât de profund. Este Dumnezeu cel pe care îl dorești.

Nu-ți face griji, nu suntem aici pentru a te "combina" cu conceptele noastre spirituale. Suntem aici pentru a prezenta pur și simplu faptele așa cum sunt. Nimic mai mult, nimic mai puțin. *Dumnezeu te-a creat pe tine și Sufletul Geamăn ca doi indivizi în Uniune Permanentă.* Tu și Sufletul Geamăn sunteți inseparabili. Și vei descoperi într-un final că relația ta cu Dumnezeu rezultă natural în relația cu Sufletul tău Geamăn Adevărat.

Shaleia și eu am menționat termenul "Uniune Armonioasă a Sufletelor Gemene" foarte frecvent în această carte. Am inventat această definiție în 2014 când am realizat că trăiam și treceam printr-o transformare uriașă și directă în Uniunea noastră. Era un lucru să fim împreună și să trăim împreună ca un cuplu, dar este cu totul altceva să vindecăm separarea de propriul Sufletul Geamăn în esență; știind că, atunci când ajungi în acest punct de conștientizare și vindecare interioară, nu mai există cale de întoarcere la experimentarea separării de propriul Sufletul Geamăn vreodată. Aceasta este Uniunea Armonioasă a Sufletelor Gemene. Este o stare de conștiință și Ființă obținută prin vindecarea rădăcinii separării dintre tine și Creatorul Divin, care este reflectată în vindecarea separării dintre tine și Sufletul tău Geamăn. Cu alte cuvinte, la fel ca jurămintele căsătoriei, vă promiteți unul celuilalt că veți fi împreună pentru eternitate, mai degrabă decât pentru o viață sau parțial pentru o viață.

Mulți au fost, sau sunt în prezent într-o relație sau căsătoriți cu Sufletul lor Geamăn, dar până în momentul în care investești în a face munca spirituală pentru a vindeca rădăcina separării de Divinitate pe care iubitul tău Suflet Geamăn ți-o oglindește, atunci, la un moment dat, mai devreme sau mai târziu, te vei întoarce la a experimenta separarea față de Sufletul Geamăn. Realizarea Uniunii nu este atât de dificilă, mai ales după schimbarea vibrațională planetară pe care Pământul a experimentat-o în anul 2012 și în anii din jurul acestuia.

Oricine își poate chema Sufletul Geamăn și-l poate întâlni, dar, în general, noi am sfătuit împotriva acestui lucru pentru că este mai bine și mai plin de compasiune pentru tine și Sufletul tău Geamăn dacă munca spirituală este deja în curs de desfășurare pentru a vindeca separarea, decât să-l chemi în viața ta și să încerci să stabilești o relație precum sufletele pereche cu Sufletul tău Geamăn, sau să faci în cele din urmă munca spirituală atunci când Uniunea ta este distrusă din cauza faptului că ai încercat să o abordezi în mod greșit. Sufletul tău Geamăn este complet opusul unei relații de suflete pereche pentru că nu sunt asta pentru tine, deci vechile reguli de relaționare nu vor funcționa niciodată cu tine sau cu Sufletul tău Geamăn.

Secretul pentru a-ți atrage Sufletul Geamăn nu este doar să te iubești pe tine însuți, ci să-l iei pe Dumnezeu ca Iubitul tău. Cand faci acest lucru, Sufletul tău Geamăn reflectă acea alegere fundamentală și se magnetizează cu ușurință în viața ta. Te provoc să încerci acest lucru fără atașamente sau așteptări față de cum se va manifesta iubirea ta în exterior. Doar fi cu Iubirea lui Dumnezeu, și Iubirea pe care o ai pentru Dumnezeu. Au avut loc evenimente miraculoase pentru oamenii ce au făcut asta, inclusiv în propria mea viață.

Scopul Uniunii Armonioase a Sufletelor Gemene

Scopul Uniunii Armonioase a Sufletelor Gemene (UASG) este de a trăi o viață centrată pe Dumnezeu. Asta nu înseamnă să te desparți de societate și să te rogi tot timpul, înseamnă să trăiești în armonie și comuniune cu Dumnezeu împreună cu Sufletul tău Geamăn ca Unul. Înseamnă că tu și Sufletul tău Geamăn lucrați împreună pentru a elimina din conștiința voastră Unică supărările rămase. Înseamnă că trăiți împreună o viață comună de iubire și romantism. Tot romantismul pe care Dumnezeu îl are pentru tine este exprimat prin Sufletul tău Geamăn. Această relație este absolut sacră, iar Uniunea sexuală pe care o împărtășiți este atât de privată și nespus de perfectă și frumoasă, încât nu ar putea fi împărtășită cu altcineva.

Scopul Uniunii tale Armonioase cu Sufletul Geamăn este că tu și Sufletul Geamăn trăiți o singură viață împreună, cu un scop comun. Nu înseamnă că trebuie să lucrați la exact același lucru în același timp, înseamnă că voi construiți și creșteți o viață împreună, o viață eternă. Aminteşte-ţi, în calitate de fiinţă eternă, păstrezi totul dacă alegi să te reîncarnezi. Nu lucrurile tale fizice, dar vibraţia pe care o păstrezi în inima ta care atrage tot felul de lucruri către tine este păstrată până în momentul în care o schimbi.

Deci odihneşte-te în linişte şi pace, ştiind că tu şi Sufletul tău Geamăn veţi continua să avansaţi pentru totdeauna. Este un loc etern pentru iubirea ta, un vas imbatabil de protecţie şi securitate în care poţi investi pentru eternitate. Semnificaţia şi scopul său complet depăşesc scopul acestei cărţi sau ceea ce poate fi discutat în orice text individual. Dar într-un mediu mai bogat, cum ar fi Uniunea ta Armonioasă, vei putea găsi mai mult acolo. În cele din urmă, alegem să îţi transmitem nu doar Sufletul tău Geamăn, ci şi o călătorie a descoperirii şi o stare de spirit permanent deschisă, în care o cunoaştere şi o conştiinţă mai bogată poate pătrunde în cele din urmă, şi te poate trezi mereu într-o mai mare expansiune. Scopul UASG-ului tău este de a împărtăşi iubirea Vieţii împreună pentru totdeauna.

Motivul pentru care scopul tău iniţial este de a intra în Uniunea ta Armonioasă cu Sufletul Geamăn în mod permanent, nu este doar pentru a trăi O viaţă împreună fizic şi spiritual, ci pentru că Uniunea voastră este concepută în mod natural pentru a merge la Dumnezeu dincolo de armonia în Uniune, în ceea ce noi numim Uniunea Perfectă. Cunoscută şi sub numele de ascensiune.

Ce este Uniunea Perfectă?

Uniunea Perfectă este ascensiunea ta completă şi totală în Conştiinţa lui Hristos. Atunci când ai făcut Exerciţiul Oglinzii până în punctul în care nu mai ai supărări în conştiinţa ta, când ai dezrădăcinat până şi ultimul gând al fricii din mintea ta, ai atins Uniunea Perfectă.

Uniunea Perfectă înseamnă că ai dizolvat toate iluziile de separare faţă de Creatorul tău şi că sunteţi Unul. Acest lucru ar avea ca rezultat o Uniune Perfectă cu Sufletul tău Geamăn în toate privinţele, permanent. Nu este cale de întoarcere de la Uniunea Perfectă odată ce ai atins-o într-un mod durabil şi adevărat. Aceasta este starea unui Maestru Ascensionat.

Atingerea Uniunii Perfecte este simplă, dar necesită o dedicare absolută şi un angajamentul fără echivoc faţă de iubire. Este starea ta naturală de a fi ca şi Dumnezeu-Creator, Copil al lui Dumnezeu, Cel Preaînalt. Eşti creat în asemănare cu Creatorului tău, Sursa tuturor lucrurilor. În Uniune Perfectă, înţelegi relaţia ce o împărtăşeşti cu Dumnezeu: că tu eşti Copilul şi Dumnezeu este părintele. Dumnezeu este Sursa ta, iar prin şi împreună cu Dumnezeu poţi face *orice*.

Uniunea Perfectă este ascensiunea. Este uniunea completă şi Unitatea cu Divinul şi cu toată Viaţa, inclusiv cu Sufletul tău Geamăn. Odată ce atingi UASG vei realiza în curând că ar trebui să existe o perfecţiune naturală în Uniunea voastră, lipsită de supărări. Toate supărările cu Sufletul tău Geamăn (în interiorul şi în afara Uniunii Armonioase) sunt pur şi simplu o eroare de comunicare.

Eşti supărat deoarece există o lipsă de comunicare şi/sau o neînţelegere în comunicare în interiorul tău. Pe măsură ce clarifici aceste erori de comunicare în Uniunea ta Armonioasă, începi să-ţi ascensionezi conştiinţa în Uniunea Perfectă unde nu mai există supărări şi nici neînţelegeri în comunicare, deoarece conştiinţa ta este limpede, şi te-ai unit şi integrat complet cu Divinitatea.

Cum Arată şi se Simte Uniunea Armonioasă a Sufletelor Gemene

A fi în Uniune Armonioasă permanent cu Sufletul tău Geamăn adevărat se simte ca o *perfecţiune* în ceea ce priveşte stăpânirea esenţială a vieţii tale amoroase Divine. Există o pace şi o cunoaştere a faptului că nimic nu va veni din "exteriorul" tău pentru a vă despărţi, deoarece nu este nimic în interiorul tău care să aleagă separarea de Sufletul tău Geamăn. Mânia şi resentimentele faţă de Sufletul tău Geamăn nu există cu adevărat, deoarece ştii că supărările sunt o iluzie interioară, iar ele ies la suprafaţă pentru a fi vindecate, astfel încât să poţi merge mai adânc în iubire şi pace înăuntrul tău şi în Uniunea ta.

Există o apreciere şi o recunoştinţă naturală care iese la iveală în locul amărăciunii atunci când Sufletul tău Geamăn te supără, în timp ce sunteţi în Uniunea Armonioasă a Sufletelor Gemene. Observi că fundaţia ta devine din ce în ce mai profundă, iar acel sentiment de siguranţă în iubire la care ai visat este o realitate auto-realizată.

Arătaţi ca un cuplu care este perfect şi puternic împreună pentru că aşa este, şi pentru că vă trăiţi Adevărul aşa cum Dumnezeu v-a conceput să fiți. Te simți mult mai fericit, profund frumos, abundent, confortabil, creativ, puternic, iubit și auto-exprimat deoarece ești împreună cu TOTUL din tine atunci când ești în Uniune Armonioasă cu Sufletul Geamăn adevărat. Acest mod de a trăi se simte uimitor și foarte eliberator.

Uniunea Armonioasă a Sufletelor Gemene se simte precum Casa ce a existat mereu pentru tine, și la care ai ales în cele din urmă să te reîntorci împreună cu Iubitul Divin, când în Adevăr nu ai plecat niciodată. Doar ai crezut că ai făcut-o și acest gând inițial a creat iluzia separării de Casa ta cu Sufletul tău Geamăn și cu Divinitatea. Dar realizând că tot ceea ce trebuia să faci era să vindeci esența locurilor de separare de Sufletul tău Geamăn din interiorul tău, ajungi în mod automat din nou Acasă.

Opt Elemente Fundamentale ale Uniunii tale Armonioase cu Sufletul Geamăn

Onestitate

Pentru a crea ceva care să fie etern, vei avea nevoie de fundația corectă. Nu vrei să ai o fundație pe care să fii nesigur. De ce ai construi ceva pe nisip dacă nu ai intenția să se prăbușească? Pentru a ști dacă fundația este stabilă, trebuie să fie testată. Dacă există ceva acolo ce trebuie clarificat sau dacă descoperi că nu există încă o fundație, trebuie să cureți molozul și să formezi fundația Uniunii tale Armonioase cu Sufletul tău Geamăn. Fundațiile puternice sunt construite pe încredere, onestitate, adevăr și conștientizare comună. Fundațiile puternice sunt construite pe iubirea adevărată. Îți construieşti fundaţia mai întâi alegând onestitatea faţă de tine însuţi şi faţă de Sufletul tău Geamăn, şi apoi alegând angajamentul faţă de Uniunea ta Armonioasă cu Sufletul Geamăn. Nu trebuie să îţi iei imediat angajamentul unul faţă de celălalt în toate modurile, deoarece cultivarea unei prietenii adevărate are prioritate şi acolo există straturi de conştientizare pe care le vei primi şi la care va trebui să alegi să te angajezi pas cu pas. Cu toate acestea, trebuie să alegi să fii complet onest unul cu celălalt imediat. Uniunea ta se poate destrăma cu uşurinţă în etapele fragile de început.

Shaleia a fost uluită când i-am spus de la început că mă angajam să fiu complet onest în Uniunea noastră. Îi spuneam tot ceea ce simţeam despre ea şi despre mine, chiar dacă era foarte inconfortabil să împărtăşesc. Îmi amintesc că într-o seară, după ce ne-am mutat împreună în Hawaii, i-am spus ceva foarte inconfortabil pentru mine de împărtăşit. I-am spus că, de fapt, nu o plăceam deloc, şi chiar am vorbit serios. M-am uitat în ochii ei când am spus-o şi nu am încercat să ascund sau să evit acea declaraţie. "Nu te plac." i-am spus. Apoi am aşteptat răspunsul ei fără să încerc să o controlez pe ea sau situaţia.

S-a uitat înapoi la mine, rănită şi uimită. „Îţi baţi joc de mine?"

"Nu." am insistat. "Chiar nu te plac deloc. Te iubesc, dar lucrurile pe care alegi să le faci şi să le exprimi nu sunt foarte în regulă cu mine." Eram şocat că am spus-o. Mă aşteptam ca ea să-şi facă bagajele şi să se multe înapoi în Sedona imediat după ce am spus asta. Cred că şi ea se aştepta la acelaşi lucru la un anumit nivel. Dar a fost ceva foarte uşurător şi eliberator în a mă exprima sincer. A fost ca şi cum ceva ce era înăbușit în mine a reușit să găsească eliberare. Am putut să las emoția să treacă prin mine și relația cu ea.

Prin comunicarea onestă a sentimentelor mele și prin faptul că am fost dispus să onorez faptul că le simțeam, mi-am exprimat angajamentul necondiționat față de onestitate în relația noastră, și am reușit să trecem rapid peste această situație și să culegem beneficiile unei relații sănătoase după aceea.

Nu mai mult de o oră mai târziu, făceam dragoste, iar eu trecusem complet peste sentimentul de a nu o plăcea pe Shaleia. Onestitatea este puternică. Atunci când suntem dispuși să fim complet onești cu noi înșine și cu Sufletul nostru Geamăn, atunci alegem iubirea. Lipsa de onestitate este slabă. Ne împiedică să ne exprimăm în mod clar și onest *adevăratele* sentimente și emoții, și înseamnă că ne pierdem puterea și energia. Dacă îți dorești Iubirea Adevărată, va trebui să alegi să-ți onorezi *Adevăratul Sine Autentic* și să predai orice temere a ta Divinității, care te ghidează perfect pe Calea ta spirituală.

În exemplul de mai sus, în care am declarat ce simțeam sincer pentru Shaleia în acel moment, ea și-a susținut Adevărul *ei* conform căruia nu numai că mă plăcea, dar era îndrăgostită de mine și nu alegea să mă părăsească pe mine sau pe ea însăși în Uniunea noastră de Suflete Gemene. Shaleia nu avea de gând să accepte un alt Adevăr, decât cel care era în inima ei în acea clipă, și continuă să fie așa și acum. Pentru că știu acest lucru despre ea și știu acest lucru despre mine, există o încredere profundă, incontestabilă și impenetrabilă între noi, iar Uniunea noastră continuă să crească și să se adâncească în Iubire Divină împreună.

Sinele tău Adevărat trebuie să fie exprimat cu onestitate, iar relația ta are nevoie de onestitate pentru ca *Sinele tău Adevărat* să facă parte din ea. Nu-ți atragi Iubitul Desăvârșit ca să poți fi doar pe jumătate în Uniunea ta. Citești această carte pentru că ești o persoană "**all-in**" (implicată total) atunci când vine vorba de a-ți manifesta relația romantică perfectă: Uniunea Armonioasă a Sufletelor Gemene. Ești aici investind iubirea în tine, pentru că investești în abilitatea ta de a alege partenerul potrivit și de a-ți găsi și păstra Sufletul Geamăn în Uniune Armonioasă. Dacă ești la fel ca mine, ai multe de împărtășit și investit într-o persoană, și nu vrei să arunci toată această iubirea într-un pahar sfărâmat pe pietre într-o parcare goală. Iubirea ta trebuie să ajungă undeva și să crească!

Dorești să-ți investești iubirea într-un recipient fortificat care poate ține și proteja tot ceea ce pui în el. Îți dorești ca iubirea ta să rămână cu tine. Îți dorești ca iubirea ta să se joace. Îți dorești ca iubirea ta să rămână în preajmă și să fie acolo veșnic. Îți dorești să te investești în ceva și să vezi cum se întoarce la tine multiplicat. Îți dorești să fii cu Sufletul tău Geamăn și să fii fizic în Uniune Armonioasă cu ei pentru întreaga ta viață eternă. Îți dorești Iubirea Perfectă pe care inima ta ți-a promis-o când erai un copil mic, pentru că ea cunoaște adevărata ta dorință pentru Sufletul tău Geamăn, iar inima unui copil știe Iubirea Divină Perfectă. Există câțiva pași speciali care trebuie făcuți pentru a obține și a menține această iubire.

Încredere

Pentru a obține rezultate diferite, trebuie să luăm măsuri diferite. Uniunea Armonioasă și Perfectă a Sufletelor Gemene este construită pe o fundație de *încredere*. O fundație de încredere vine de la doi oameni care vin la masă ca sinele lor adevărat autentic, împărtășind cele mai profunde părți ale lor în mod onest și lucrând împreună pentru a evolua și a crește Uniunea și UASG-ul lor. O fundație de încredere necesită onestitate. Nu poți evita să-i spui Sufletului tău Geamăn exact ceea ce gândești și ce simți dacă vrei să aprofundezi intimitatea, angajamentul și să-ți menții Uniunea cu Sufletul Geamăn, pentru că ești sincer cu modul în care te simți în interior, ceea ce-ți dezvoltă încrederea în tine însuți, care contracarează sentimentele de trădare și incertitudine.

Ce *nu* înseamnă onestitatea? Nu înseamnă că împărtășești fiecare lucru pe care îl ai în minte exact așa cum îl gândești. Nu înseamnă că îi spui partenerului tău exact ce simți față de ei când ești extrem de supărat, și ai nevoie de spațiu și să te calmezi. Nu înseamnă că spui lucruri care știi că îți vor răni Sufletul Geamăn doar pentru a-i răni în mod intenționat pentru că ești nervos, sau să te descarci asupra lor, chiar dacă te gândești așa la ei de ceva vreme. În schimb, fă Exercițiul Oglinzii și rezolvă problema în interiorul tău.

Înseamnă, totuși, că trebuie să ai discernământ cu privire la ceea ce împărtășești, dar nu înseamnă să lași deoparte lucrurile importante. Înseamnă că îți împărtășești cu onestitate sentimentele autentice și ceea ce-ți spune inima, chiar dacă știi că probabil va fi foarte greu pentru unul dintre voi sau pentru amândoi. Înseamnă că abordezi relația cu onestitate și *compasiune* unul pentru celălalt. Înseamnă că respecți onestitatea celuilalt atunci când iese la iveală și că lucrați împreună cu compasiune pentru a o depăși. O fundație solidă nu este construită pe bomboane de zahăr care se topesc rapid, ci pe piatră de temelie. Va trebui să incluzi onestitatea absolută în Uniunea cu Sufletul tău Geamăn, dacă dorești o Uniune absolut de neoprit.

Angajament

Mai există o altă cheie la temelia unei Uniuni absolut de neoprit: *angajamentul*. Onestitatea este pe primul loc, angajamentul este pe locul doi. Angajamentul este esențial *înainte* de a ajunge în stagiul de Supărare. Angajamentul este ceea ce vă va menține Uniunea puternică în momentele cu *adevărat* dificile și este o componentă critică a Uniunii Armonioase. Fără angajament (de fapt, a decide și a alege să fii ALL-IN cu zero căi de ieșire pe ușa din spate) nu-ți poți manifesta Uniunea Armonioasă a Sufletelor Gemene. Dacă ești dispus să-ți iei angajamentul față de Sufletul tău Geamăn până la capăt, dacă ești dispus să-ți iei angajamentul să ajuți cealaltă persoană prin greutățile ei, indiferent de situație, și dacă ești dispus să-ți iei angajamentul să te ajuți pe tine prin greutățile tale, indiferent de ce s-ar întâmpla; împreună cu onestitatea, dragostea și compasiunea, ai fundația unei Uniuni Armonioase de neoprit.

Cu onestitate, încredere și angajament ca fundația ta, nimic nu te poate opri să ajungi la experiența și expresia deplină a Adevăratei tale Iubiri. Ce te-ar putea împiedica? Ai Sufletul tău Geamăn, Iubitul tău Desăvârșit, singura persoană care te va iubi în permanență, sufletul care a fost creat pentru tine pentru a iubi și a fi iubit în schimb de tine, și care evoluează împreună cu tine pe parcursul călătoriei voastre veșnice. Nu există un iubit mai înalt pentru niciunul dintre voi. Nimeni altcineva nu va va veni pe parcurs care să fie mai potrivit pentru tine decât Sufletul tău Geamăn. Amintește-ți acest adevăr, indiferent de care sunt circumstanțele pe care le ai sau le-ai avut.

Dacă comunici cu sinceritate tot ceea ce simți, dacă te angajezi să fii sincer și să ai încredere în Uniunea ta, nu există nimic care să-ți scape. Nu se pot acumula resentimente pe termen lung dacă vă împărtășiți cu onestitate ceea ce simțiți amândoi. Nicio altă persoană nu poate intra în viața voastră dacă îi împărtășiți celuilalt în mod onest ceea ce simțiți. Onestitatea creează o claritate totală în tine și în Uniunea ta cu Sufletul Geamăn. Cu această claritate totală, puteți vedea Uniunea voastră și unde anume se îndreaptă, și puteți decide dacă vă place sau nu acest lucru pentru că vă aduce mai aproape de Uniunea voastră Armonioasă sau nu.

Dacă îți dorești fundația unei Uniuni absolut de neoprit, va trebui să-ți iei un angajament serios în interiorul tău, în esența ta. Dacă nu te angajezi față de tine însuți să ajungi în Uniunea Armonioasă a Sufletelor Gemene, atunci, în mod natural, ți-ai dat deja permisiunea de a te retrage și de a renunța la tine însuți, mai ales atunci când ți se pare dificil cu Sufletul tău Geamăn sau cu Divinitatea, și ești provocat emoțional. Este sigur pentru tine să ai credință, încredere și siguranță în tine însuți, în Creatorul tău și în Sufletul tău Geamăn cu care ești Unul, atunci când alegi să te angajezi pe această cale spirituală sacră a Uniunii Divine.

Nu vorbesc despre a te căsători neapărat cu Sufletul Geamăn, dar va trebui ca, foarte devreme în Uniunea voastră, să faceți o formă de angajament autentic pe care amândoi să-l onorați în mod absolut. Iată un exemplu de angajament pe care l-am semnat și l-am trimis către Shaleia după câteva luni de discuții cu ea:

M-am angajat față de Shaleia că, indiferent de ceea ce se va întâmpla, voi continua să investesc în Uniunea noastră cât mai bine posibil și în măsura puterilor mele timp de 30 de zile de la momentul în care oricare dintre noi va decide să pună capăt relației noastre. Aș acorda 30 de zile oricărei despărțiri înainte de a o onora și de a acționa în consecință. Aș acorda 30 de zile în plus față de cele pe care le-aș acorda oricărei relații normale, deoarece știam că între noi există ceva special pe care doream să-l protejez.

Mi-am protejat Uniunea cu Sufletul Geamăn prin angajamentul meu, deoarece știam că vreau să fiu sigur, fără nici o umbră de îndoială, că încheierea relației s-a datorat unei decizii conștiente, mai degrabă decât unei supărări masive care ne-a trimis pe fiecare dintre noi să ne aruncăm pe căi opuse cu viteza luminii. Angajamentul meu față de ea și, la scurt timp după aceea, angajamentul ei reciproc față de mine, a fost un lucru ce ne-a ținut împreună în cele mai dureroase și provocatoare zile din stagiul nostru de supărare.

Perseverența

În alegerea de a fi cu Sufletul tău Geamăn, împreună cu promisiunea ta de onestitate, încredere și angajament față de Sufletul tău Geamăn, vei avea o fundație de neoprit pentru Uniunea ta

Armonioasă. Pentru ca Uniunea ta să fie cu adevărat de neoprit, mai ai nevoie de un alt ingredient. Acest ingredient este motorul din spatele unei Uniuni de neoprit. Perseverența. Perseverența este ceea ce te face să continui să mergi înainte chiar și atunci când ești extrem și obscen de supărat. Perseverența este ceea ce împinge următorul obstacol din cale. Perseverența este energia care spune: "Voi continua să merg înainte și să investesc oricum în Uniunea mea." Chiar și atunci când te confrunți cu același obstacol din nou și din nou și din nou și din nou, și ai gânduri de a renunța la tine și la Sufletul tău Geamăn.

Perseverența este o cheie importantă pentru o Uniune cu adevărat de neoprit. Dacă nu aș fi avut perseverență în Uniunea mea, s-ar putea ca aceasta să nu se fi dezvoltat foarte mult, sau chiar deloc. Am fi putut rămâne blocați în tipare sau am fi renunțat după ce perioada de angajament s-a încheiat. Dacă nu aș fi avut perseverență, Uniunea mea ar fi putut să nu aibă energia necesară pentru a continua să treacă prin supărări. S-ar putea să observi ceva în legătură cu afirmația anterioară și cu o mulțime de alte afirmații din această carte: rareori vorbesc despre „noi" atunci când mă refer la Uniunea mea. Da, Sufletele Gemene sunt conectate intrinsec și fiecare alegere îl afectează pe celălalt, dar mai există un lucru special despre Suflete Gemene. **Nu ai nevoie ca Sufletul tău Geamăn să facă nicio muncă de vindecare sau curățare și nu ai nevoie ca Sufletul tău Geamăn să citească această carte pentru ca tu să ai o Uniune de neoprit cu aceștia.**

Când faci o alegere fundamentală, Sufletul tău Geamăn este automat afectat și se aliniază la acea alegere fundamentală. Nu trebuie niciodată să-i determini să facă ceva pentru a avea o Uniune Armonioasă fericită și de succes. Aceștia se vor alinia în mod natural la munca pe care o faci, indiferent dacă sunt sau nu conștienți de asta. Motivul pentru care se întâmplă acest lucru este că tu și Sufletul tău Geamăn sunteți Unul, iar atunci când faci o alegere fundamentală o faci ca Unul în locul în care sunteți uniți. Un bun exemplu pentru mulți oameni este alegerea fundamentală și dorința de a avea copii. Acesta este motivul pentru care unul sau ambele Suflete Gemene pot veni cu copii, sau tu și Sufletul Geamăn puteți alege să aveți o familie împreună atunci când sunteți uniți în armonie.

<u>Compasiune</u>

Compasiunea pentru tine și Sufletul tău Geamăn nu poate fi subliniată suficient în această călătorie. Dacă-ți lipsește empatia și compasiunea în călătoria ta spirituală către Uniune ta, îți va fi dificil să atingi vibrația Uniunii Armonioase, deoarece te judeci, ești nervos și dezamăgit de tine însuți și Sufletul Geamăn în mod constant. Pentru a fi acceptat necondiționat de Sufletul tău Geamăn, trebuie să ai compasiune față de tine însuți și față de ceea ce ai trăit pentru a ajunge unde ești astăzi și unde te îndrepți în acest moment. Acceptarea și compasiunea față de sine și Sufletul Geamăn te vor umple de iubire și grație, deoarece iubești partea din tine și din aceștia care este rănită, sau care nu a știut mai bine, sau care nu era pregătită să aleagă Uniunea într-un loc în interiorul tău unde ai ales să experimentezi separarea față de Binele tău și de Creatorul tău.

A avea compasiune este esențial pentru a cultiva Uniunea Perfectă. Este ceva ce trebuie să înveți pe parcurs, și vei fi testat în acest sens din nou și din nou. Compasiunea începe prin a recunoaște că nimeni altcineva nu te poate răni sau te poate afecta în orice fel. Atunci când recunoști că alegerile altuia, oricât de rele ar fi, nu te pot afecta, te poți detașa de alegerile sale. Chiar și alegerile Sufletului tău Geamăn nu te pot afecta separat de tine, ele doar ți-ar dezvălui întotdeauna propriile alegeri.

Acum că nu mai ești atașat, este în siguranță pentru tine să recunoști cât de dureroase pot fi alegerile lor supărătoare, sau cât de inconfortabil trebuie să fie pentru ei să fie nevoiți să se agațe de supărările lor. Poți avea compasiune pentru ei. Compasiune nu înseamnă să-ți pară rău pentru celălalt sau să te simți vinovat pentru acesta, ci presupune înțelegerea faptului că el nu trebuie să se simtă stânjenit de ceea ce experimentează, iar el poate face imediat o nouă alegere atunci când este pregătit și poate elibera experiența supărătoare.

A avea compasiune pentru Sufletul tău Geamăn înseamnă să-i iubești atât de mult încât să-i permiți să treacă prin tot ceea ce trebuie să treacă pentru a se vindeca. Înseamnă să rămâi alături de ei, indiferent de provocare sau experiența lor, chiar dacă ai deja răspunsul și ei aleg să nu te asculte.

Odată, Shaleia mi-a atras atenția că partenerul meu de afaceri mă înșela în stânga, în dreapta și în centru. I-am spus că știam ce se întâmpla, dar că totuși aveam nevoie să găsesc un răspuns mai profund. Ea nu a putut înțelege de ce trebuia să trec prin acea experiență, dar mi-a spus cu iubire că va fi alături de mine indiferent de situație.

Sprijinul ei plin de iubire mi-a accelerat depășirea supărării și provocării mult mai repede decât dacă nu ar fi avut compasiune pentru mine; și cu siguranță mult mai repede decât dacă ar fi încercat să se opună dorinței mele de a termina lecția. Ea și nimeni altcineva nu poate sta cu adevărat între mine și lecțiile mele. Aveam nevoie să învăț de unul singur, în felul meu unic și în ritmul meu propriu. Indiferent de ceea ce a trebuit să experimentez sau prin ce a trebuit să trec, tot trebuia să găsesc propria mea înțelegere. Compasiunea și sprijinul ei mi-au ușurat foarte mult obținerea a ceea ce aveam nevoie din acea experiență.

A avea compasiune pentru ceilalți este foarte util. Este posibil să găsești de-a lungul călătoriei tale mulți oameni care iau decizii destul de îngrozitoare pentru a experimenta iluzia de a-și face rău. Amintește-ți că ei nu-ți pot face rău dacă nu alegi să inviți alegerea lor de separare ca fiind a ta. De asemenea, ai putea recunoaște ceea ce ei oglindesc în tine și să vindeci acea supărare.

S-ar putea să trebuiască să renunți la oameni pe care îi credeai cândva foarte apropiați de tine, atunci când recunoști că nu se aliniază de fapt în sensul de a te iubi în esența ta. Lucrul plin de compasiune de făcut în unele situații este să-i lași pe ceilalți să plece, astfel încât să poți cu adevărat prospera și prinde viață. Uneori, a lăsa pe cineva să plece îți permite să-l regăsești într-o lumină nouă, mai iubitoare. Uneori, acest lucru duce chiar aproape imediat la o relație mult mai iubitoare și mai evoluată pe care o împărtășiți amândoi unul cu celălalt.

Adevărata compasiune înseamnă că ai compasiune nu doar pentru Sufletul tău Geamăn și ceilalți, ci și pentru tine însuți. A avea compasiune pentru tine însuți înseamnă că nu te forțezi dicolo de unde poți merge în mod sustenabil și echilibrat. Înseamnă să-ți onorezi sentimentele și să onorezi situația în care te afli. Înseamnă să te iubești suficient pentru a spune "Da" alegerilor iubitoare, și "Nu" alegerilor care nu sunt iubitoare.

Acest lucru are ca rezultat o fundație puternică, echilibrată, sănătoasă și durabilă pentru tine însuți, pentru inima și mintea ta, care oferă posibilitatea unei fundații solide ca o stâncă pe care să-ți dezvolți Uniunea Perfectă.

Iubire Necondiționată

Iubirea necondiționată se aseamănă foarte mult cu compasiunea descrisă mai sus. Înseamnă că, *indiferent de ce se întâmplă, îți vei iubi Sufletul Geamăn fără condiții*. Sufletul tău Geamăn se comportă prostește? Tu iubește-i oricum. Sufletul tău Geamăn îți spune lucruri urâte? Îi iubesti oricum. Sufletul tău Geamăn nu se angajează față de tine și are o relație cu altcineva? Îi iubești oricum. **Iubirea necondiționată este cel mai bun prieten al compasiunii.**

Odată, unul dintre studenții noștri a venit cu Sufletul Geamăn la clasa din "Twin Flame Ascension School". Ea fusese studenta noastră, iar el fugise de curând de Uniunea lor. Am întrebat-o dacă l-ar iubi fără condiție dacă acesta ar fi bun cu ea. Bineînțeles, răspunsul ei a fost un "Da" ușor. Apoi am întrebat-o dacă l-ar iubi necondiționat dacă relația lor romantică ar merge grozav. Bineînțeles, ea a spus "Da". Apoi i-am pus o întrebare mult mai dificilă. Am întrebat-o: "Ce se întâmplă dacă el fuge din nou și se întoarce la falsa lui soție? Îl vei iubi necondiționat atunci?"

Se simțea nedumerită și uimită. Puțini oameni se gândesc vreodată să iubească pe cineva dacă acel cineva nu-și ia angajamentul față de ei pe moment. Iubirea necondiționată înseamnă exact asta, la propriu. Îi iubești absolut și fără echivoc, fără condiții, indiferent de situație.

Ce s-a întâmplat la scurt timp după acea clasă? Au intrat din nou într-o stare de separare, iar ea s-a supărat foarte tare. I-am reamintit lecția pe care i-am predat-o chiar în acel curs și a aplicat-o cu destulă sârguință. L-a iubit fără condiții și a avut compasiune pentru el în timp ce trecea prin supărarea și separarea sa. A ținut spațiu pentru el. Nu și-a retras iubirea față de el, chiar dacă el crease o limitare strictă de comunicare, astfel încât nu exista posibilitatea de contact între ei.

La scurt timp după aceea, s-a întors cu o inimă plină de iubire și multe supărări vindecate. Iubirea ei necondiționată a fost o mărturie puternică a științei spirituale extraordinare pe care o predăm în lucrarea noastră. Funcționează de fiecare dată pentru fiecare persoană de pretutindeni. Este normal, este natural și va funcționa pe deplin pentru tine atunci când vei pune în practică complet și absolut în viața ta ceea ce te învățăm.

Iertare

Dacă doreşti să cultivi o fundaţie permanentă pentru Uniunea ta Perfectă, va trebui să stăpâneşti iertarea. Iertarea înseamnă *"A da drumul în mod complet."*. Atunci când poţi da drumul în mod complet la o supărare anterioară cu Sufletul tău Geamăn, nu îl eliberezi pe el, ci doar pe tine însuţi te eliberezi. Atunci când alegi să porţi pică pe altcineva, nu îi faci rău lui, ci-ţi faci rău doar ţie. Mulţi încearcă sau au încercat să demonstreze că acest lucru este o minciună, dar o minciună este o minciună, iar eliberarea iluziei că a purta ranchiună nu te răneşte îţi va dovedi întotdeauna că o face, mereu şi mereu.

Vedem atât de multe cupluri de Suflete Gemene care arată ca o pereche de raţe ciondănite care nutresc resentimente de ceea ce pare a fi secole. Îi vedem cu braţele energetice încrucişate nervos, privind în altă parte unul faţă de celălalt şi amândoi aşteptându-se ca celălalt să observe cât de supăraţi sunt şi, ulterior, să se schimbe pentru ei. Acesta este un mod atât de prostesc şi nebun de a naviga Uniunea cu Sufletul tău Geamăn. Dacă te aştepţi ca aceştia să se schimbe, să-şi ceară scuze sau să facă orice pentru a renunţa la supărare, atunci eşti absolut nebun în aşteptările tale. Aminteşte-ţi, *Sufletul tău Geamăn este <u>literalmente tu</u>.*

Poate că rachiuna ta a funcţionat pentru a înfometa ceaaltă persoană de iubire din relaţiile tale romantice anterioare, atât de mult încât durerea i-ar şocat în conştientizarea faptului că s-ar supune cu bucurie în faţa influenţei tale, dar acest lucru nu funcţionează în

Uniunea cu Sufletul tău Geamăn. Rachiuna ta nu va face decât să te înece pe TINE în conștiința separării.

Atunci când înțelegi acest lucru, poți să te ridici deasupra meschinăriei rachiunii și să transcenzi pe tărâmul iertării adevărate. Această stare transcendentală este ușor de atins cu o simplă alegere la care aderi în toate zilele vieții tale veșnice. Iată un decret simplu pentru tine. Spune-l o dată prin centrul inimii tale și alege-l ori de câte ori se ivește.

"Aleg să iert toate supărările din trecut, prezent și viitor oricând apar. Iertarea îmi vine cu ușurință, cu bucurie și în mod natural pentru că iertarea face parte din ceea ce sunt, iar extinderea iertării către altul extinde în mod firesc iertarea în mine însumi."

Această predare necondiționată a ranchiunii este adevărata iertare. Iertarea necondiționată este ceea ce dorești cu adevărat să stăpânești pentru a obține o măiestrie completă asupra unei fundații stabile și permanente pentru Uniunea ta. Nu te îngrijora dacă ți se pare că este prea mult de asimilat dintr-o dată.

Dacă este prima dată când citești această carte, continuă să o parcurgi într-un ritm plăcut dacă dorești, și poți oricând să te întorci să o studiezi frază cu frază, și să meditezi cu adevărat profund la fiecare idee de aici. Ai o eternitate pentru a stăpâni aceste informații, și chiar dacă trasul de timp nu-ți servește, merită să-ți acorzi timp și să integrezi pe deplin tot ceea ce predăm în lucrarea noastră. Deoarece îți va fi de folos pentru tot restul zilelor vieții tale veșnice.

Iertarea înseamnă a da drumul la ceva.

În cartea "Un Curs De Miracole", scrisă de Fundația pentru Pace Interioară, se spune că "Iertarea recunoaște ceea ce credeai că ți-a făcut fratele tău nu s-a întâmplat. Ea nu iartă păcatele și nu le face reale. Ea vede că nu a existat niciun păcat. *Și, din acest punct de vedere, îți sunt iertate toate păcatele.* Ce este păcatul, în afară de o idee falsă despre [Copilul] lui Dumnezeu? Iertarea nu face decât să-i vadă falsitatea, și prin urmare, îi dă drumul. Ceea ce este liber să îi ia apoi locul este Voia lui Dumnezeu" (Un Curs De Miracole, Manual pentru Lecția 220, Partea II, "1. Ce este iertarea", 1).

Învață iertarea necondiționată și vei fi transportat etern în Împărăția Cerurilor în acest moment, un loc în care poți fi pe deplin prezent cu Binele ce are loc, mai ales între tine și iubitul tău Suflet Geamăn, pentru că ești liber de judecata de sine și față de Sufletului tău Geamăn.

Respect

Respectul înseamnă că **onorezi** *alegerile Sufletului tău Geamăn, alegerile tale și ale celorlalți.* Înseamnă, de asemenea, că respecți alegerile lui Dumnezeu în viața ta prin circumstanțele vieții tale.

Dacă nu respecți ceea ce experimentezi, nu vei reuși să treci la nivelul următor. Dacă experimentezi o separare teribil de dureroasă, nu poți evita această experiență. Nu poți să tachinezi sau să încerci să negociezi cu Viața pentru a o determina să-ți schimbe experiența. Trebuie să onorezi ceea ce trăiești, respectând ceea ce experimentezi așa cum este. Doar din acest spațiu poți avansa prin ea. Acest lucru este ceea ce-ți aduce puterea de a-ți schimba realitatea.

În schimb, dacă ai parte de multă iubire, succes și bucurie, va trebui să respecți și acest lucru. Imaginează-ți că Sufletul tău Geamăn este pur simplu îndrăgostit de tine. Imaginează-ți că petreceți o perioadă absolut incredibilă împreună și că iubiți viața împreună. Trebuie să respecți cu onestitate că aceasta este experiența ta. Dacă devii mâhnit și speriat, supărat și manipulator, în speranța de a continua această experiență, s-ar putea să o sufoci de toată iubirea și Viața minunată, creând astfel frica în interiorul tău.

Controlul nu-ți servește deoarece controlul nu are nicio putere reală, ci doar iluzia ei. Nu te-a servit niciodată. Nu te va servi vreodată. Controlul tău pretinde că-ți va oferi certitudine, stabilitate, siguranță, securitate și putere. Nu va face asta vreodată, absolut niciodată. Are ca rezultat doar pierderea a ceea ce-ți dorești cu adevărat. Este posibil să experimentezi că deții controlul și să te simți bine în această privință, dar vei experimenta, de asemenea, și o repercusiune teribilă ca urmare a acestui lucru și o separare sporită de Binele tău Divin. Controlul nu merită vreodată, absolut niciodată. Pur și simplu predă-te și respectă-ți experiența în mod autentic și onest, așa cum este ea cu adevărat.

Dacă nu respecți alegerile Sufletului tău Geamăn, atunci nu îl iubești necondiționat. De asemenea, nu ai compasiune pentru el. Asigură-te că respecți Adevărul din el, și nu minciunile. Dacă într-o zi, de exemplu, îți va spune că nu te iubește și că nu dorește să aibă nimic de-a face cu tine, respectă faptul că acesta are categoric această experiență. Poți face Exercițiul Oglinzii dacă ceea ce spune te supără în orice fel și poți trece mai departe, respectând în același timp experiența lui. El ți-a comunicat că se confruntă cu faptul că nu te iubește. Acceptă acest lucru ca fiind experiența lui, *dar nu trebuie să accepți acest lucru ca fiind experiența ta.* Vezi adevărul situației și transcende minciuna și iluzia alegând în schimb iubirea. După ce i-ai respectat experiența, ești pe cale să-l ajuți să o depășească.

Odată cu Uniunea ta de Suflete Gemene și cu înțelegerea acestor opt principii esențiale care stau la fundația Uniunii tale Armonioase: Onestitate, Încredere, Angajament, Perseverență, Compasiune, Iubire Necondiționată, Iertare și Respect, vei avea cu adevărat o Uniune de neoprit pentru tot restul vieții tale veșnice pline de bucurie, fericire și romantism.

Capitolul 7

Uniunea ta de Suflete Gemene: Misiunea Divină

Misiunea este un motiv fundamental pentru care faci totul. A avea o misiune înseamnă că ești plin de dorința de a realiza, crea, face și exprima. A avea o misiune împreună cu Sufletul tău Geamăn în Uniune Armonioasă înseamnă că împărtășiți viziuni unificate, obiective unificate și nevoi unificate, ceea ce duce inevitabil la acțiuni unificate. Împreună vă alegeți lucrurile care vă motivează în mod fundamental, vă aliniați valorile și scoateți la iveală tot ceea ce sunteți amândoi. Deveniți ceva mai mult decât erați înainte și vă valorificați acest lucru pentru a crea, exprima, face și fi mai mult decât ați fi putut vreodată și poate mai mult decât ați crezut vreodată că este posibil.

Sufletele Gemene nu sunt doar despre a avea la dispoziție un iubit foarte sexy pe care să-l pupi și să-l iubești când ești acasă. Sufletele Gemene sunt despre a avea pe cineva cu care îți poți alinia absolut toată viața în fiecare aspect, pentru că acesta este designul vostru natural. Sunt despre a avea coechipierul tău perfect în viață, fie că este vorba de a fi părinte într-o familie, de a co-crea o afacere sau de a construi împreună un anumit stil de viață și/sau toate cele de mai sus. A avea un Suflet Geamăn este despre a avea un co-aventurier în viață cu acea persoană care-și dorește toate lucrurile pe care le vrei și tu, și înseamnă că ajungeți să creați și să împărtășiți un scop împreună. Este mult mai mult decât doar să ai un partener; un Suflet Geamăn este partenerul tău etern de viață în creație!

Alinierea Vieților Voastre

Primul lucru pe care vei dori să-l faci când îți vei întâlni Sufletul Geamăn și veți atinge Uniunea Armonioasă, este să începeți să vă armonizați și să vă aliniați viețile perfect împreună. Nu trebuie să vă aliniați viețile atunci când vă întâlniți pentru prima dată, dar este mult mai apetisant, mai bogat și mai intim dacă alegi să o faci. Dacă dorești cu adevărat să creezi o experiență deplină de Suflete Gemene, vei dori să aliniezi fiecare aspect al tău, pentru că aliniezi TOTUL din tine. Amândoi trebuie să vă aliniați viziunile și valorile de viață și să vă asigurați că vă armonizați împreună ca și Unul. Nu este nevoie să fiți căsătoriți pentru a face acest lucru, dar trebuie să comunicați sincer despre ceea ce vă doriți fiecare și despre cum vă simțiți fiecare.

Dacă vă confruntați cu un conflict, fiți siguri că este doar o eroare de comunicare bazată pe un blocaj pe care unul dintre voi sau amândoi îl aveți. În adevăr spiritual, Sufletele Gemene nu intră de fapt niciodată în conflict în esență, așa că de acolo știi că este vorba doar de o comunicare eronată bazată pe un blocaj care apare.

Atunci când tu și Sufletul tău Geamăn v-ați comunicat fiecare dintre dorințele, valorile și viziunile de viață, precum și alegerea de a vă

armoniza, veți fi în mare parte aliniați. Chiar dacă există unele dez-
acorduri serioase, în timp, divergențele se vor estompa, iar alinierea
pe care o împărtășiți va avea prioritate pretutindeni. Shaleia și cu
mine am petrecut primele câteva luni ale fazei noastre de întâlnire
creând documente comune pe Google Drive, care detaliau toate
aspectele casei noastre perfecte și ale vieții noastre împreună.

Apoi ne-am îndreptat atenția către munca noastră pe viață. Din
fericire, Sufletele Gemene se manifestă ca fiind în perfectă aliniere
în toate aspectele vieții, iar cariera nu este o excepție. Acest lucru
nu înseamnă că voi doi veți dori să faceți mereu exact același lucru,
dar înseamnă că ceea ce va alege fiecare dintre voi se va completa
reciproc. Shaleia și cu mine vorbeam într-o seară la telefon, la înce-
putul relației noastre, când ea și-a exprimat viziunea pentru munca
vieții sale. Mereu a presupus că ea și bărbatul visurilor ei vor lucra
separat și că se vor întoarce acasă unul la celălalt la finalul zilei.
Într-adevăr, nu a cunoscut niciodată un bărbat care să se potriveas-
că cu ea energetic și spiritual.

A continuat să-mi descrie toate aspectele carierei pe care ea și le-a
imaginat, de la a vorbi pe scenă, la a scrie cărți, la organizarea de
workshop-uri etc. I-am spus cu sinceritate că mă vedeam făcând
exact aceleași lucruri, chiar dacă nu mă hotărâsem încă pe deplin
asupra acelei căi. Ne-a luat multe alte luni, aproape un an de la pri-
ma noastră discuție, până când ne-am așezat amândoi și ne-am luat
în sfârșit un angajament față de cariera noastră unificată, dar acest
lucru a vent în urma unei comunicări sincere și a unor valori și
dorințe aliniate reciproc. Suntem Suflete Gemen și mereu ne vom
dori aceleași lucruri, dar nu vom fi mereu foarte clari în privința a
ceea ce ne dorim de fapt. Atunci când unul devine clar, la fel face și

cealaltă persoană, deoarece alegerea de a avea claritate este o alegere fundamental și îl afectează în mod direct pe Sufletul tău Geamăn.

Claritatea Sufletelor Gemene

Să-ți clarifici dorințele este unul din cele mai importante lucruri pe care le poți face în Uniunea ta și în viața ta. Atunci când îți clarifici dorințele, poți lua anumite decizii și poți acționa în direcția lor. Eu mi-am dorit întotdeauna Iubita Desăvârșită, dar a durat mult timp și a trebuit să experimentez mult contrast înainte de a mă hotărî să am Sufletul meu Geamăn. Nu m-aș opri de la nimic pentru a-mi crea viața amoroasă perfectă. Concentrându-mă pe ceea ce mi-am dorit în viața amoroasă este ceea ce m-a făcut să reușesc să-mi atrag cu succes Sufletul Geamăn în Uniune Armonioasă. Luarea unei decizii clare este necesară în orice manifestare, altfel diminuezi rezultatele pe care le manifești, iar a fi vag cu intențiile tale te va duce la obținerea unor rezultate vagi.

Clarificarea dorințelor tale privind viața ta amoroasă începe procesul de atragere a ceea ce ai cerut în mod specific, iar aceasta poate fi o călătorie și o aventură în sine. Nu este nevoie să pornești de la claritate, pentru a deveni clar. Shaleia și cu mine am lucrat cu sârguință în mod individual înainte de a ne întâlni, pentru a ne clarifica ceea ce doream să experimentăm în viața amoroasă. Cultura noastră de astăzi arată mulți tineri care călătoresc, explorează, își schimbă locul de muncă, își schimbă cariera, își schimbă partenerul și schimbă orașul pentru a se lămuri cu privire la ceea ce-și doresc. Mulți tineri nu au descoperit încă exact ce anume își doresc în viața lor, așa că au nevoie să exploreze și să experimenteze contrastul pentru a obține claritate. Această claritate este cea care aduce succesul și energia pe care atât de mulți oameni din societate le admiră. Această claritate este cea care aduce orice fel de precizie.

Atunci când dobândești claritate, îți este ușor să iei decizia de a-ți dedica energia și de a merge mai departe. Până când nu dobândești claritate, nu te poți angaja pe deplin în ceva pentru o perioadă de timp rezonabilă. Claritatea este cea care ne permite să știm cu certitudine absolută că putem merge mai departe și să lăsăm toate celelalte opțiuni să dispară. Claritatea este ceea ce mi-a permis să mă angajez cu certitudine absolută față de Shaleia în acele prime luni. Știam că îmi doream să îmi petrec restul vieții alături de Iubita mea Desăvârșită și știam că ea nu se dezvăluise încă drept Iubita mea Desăvârșită. Nu îmi era însă clar dacă puteam să o părăsesc, chiar dacă nu îmi era clar dacă puteam să rămân cu ea toată viața mea. Eram suficient de clar pentru a lua decizia de a sta cu ea până când voi descoperi dacă ea era sau nu Sufletul meu Geamăn, Iubita mea Desăvârșită. Nu aș fi avut nicio altă femeie până nu luam decizia de a-mi urma sentimentele până la capăt. Încă îmi urmez sentimentele și voi continua să fac acest lucru în Uniunea mea în fiecare moment al vieții mele.

Deci, cum putem obține claritate? Ne explorăm pe noi înșine, explorăm situații și experimentăm contrast. Nu ai nevoie de claritate în ceea ce privește Misiunea ta Divină pentru a fi cu Sufletul tău Geamăn. Înainte de a o cunoaște pe Shaleia, eram plin de misiuni în viață, dar nici una dintre ele nu a ajuns să se potrivească cu ceea ce am decis de comun acord când ne-am aliniat împreună misiunea Sufletelor Gemene. *Ceea ce ne-a adus claritate asupra Misiunii*

Divine de Suflete Gemene împreună a fost explorarea reciprocă a dorințelor noastre.

Din fericire pentru noi, amândoi făcusem suficientă explorare personală pentru a înțelege destul de clar ce ne doream ca indivizi. Un lucru care ne-a ajutat cu adevărat să ne lămurim împreună a fost discuția. Am devenit foarte clari împreună discutând despre dorințele noastre, imaginându-le împreună, stând cu imaginația pentru o perioadă de timp, iar apoi evoluând discuția.

Ne-am imaginat că vom avea cinci copii împreună. După luni de discuții și vizualizări, am decis amândoi că, până la urmă, ne doream un singur copil. Ne-am clarificat decizia de a avea un singur copil explorând toate celelalte opțiuni din imaginația noastră care ne interesau. Înainte de a explora, credeam că îmi doresc o familie numeroasă, dar după ce am contemplat împreună cu Sufletul meu Geamăn, am decis amândoi că o familie mai mică, cu un singur copil, s-ar potrivi mai bine cu stilul nostru de viață dorit și cu cine suntem de fapt în interior. Fără explorare interioară și contemplare, este foarte dificil să primești claritate. Fără claritate, este greu să iei decizii solide la care să te poți angaja vreodată.

Pentru a vă găsi împreună misiunea, trebuie să o creați împreună, pe baza unor decizii comune. Atunci când obțineți claritate în urma explorării, luarea deciziilor comune devine ușoară. Explorarea poate fi atât de distractivă, și o parte din aventura extinsă și minunată de care voi doi vă bucurați în viață. Când va veni momentul ca amândoi să vă decideți împreună asupra misiunii voastre, va fi distractiv, ușor și natural.

Capitolul 8

Care este Diferența dintre Suflete Pereche și Suflete Gemene?

Atunci când înveți despre Suflete Gemene și pornești în călătoria spirituală, poate fi ușor să faci confuzie între un suflet pereche și Sufletul tău Geamăn. Ambele energii se pot simți atât de bine și atât de asemănătoare una cu cealaltă dacă nu ești conștient de diferențele distincte. Este important să înțelegi aceste diferențe pentru a avea conștiința de a lua decizii adecvate pentru tine în viața ta amoroasă. Poate că ai prefera un suflet pereche după ce ai aflat despre provocările stagiului de Supărare în Uniunea cu Sufletul Geamăn. Poate că nu dorești să te mulțumești cu un suflet pereche după ce ai aflat de experiențele delicioase și minunate pe care doar Sufletele Gemene le pot avea împreună. Orice ai alege, să știi că puterea alegerii tale este măreață.

Dumnezeu este cel la care mă adresez mai întâi ori de câte ori am o întrebare despre orice. Am primit prin channelling răspunsul lui Dumnezeu la întrebarea: *„Care este diferența dintre suflete pereche și Suflete Gemene?"*. Apoi, iau mesajele primite prin channelling de la Dumnezeu și le verific în raport cu propriile mele înțelegeri și experiențe, în cazul în care mi-a scăpat ceva sau nu am înțeles corect. De asemenea, îl întreb pe Dumnezeu dacă am înțeles pe deplin ceea ce mi se prezintă. Acest lucru mă ajută să mă asigur de o informare perfectă pentru a asigura o traiectorie perfectă a călătoriei vieții mele.

Diferența dintre Suflete Pereche și Suflete Gemene (Channelling Divin)

Sufletele pereche și Sufletele Gemene sunt *lucruri foarte diferite*, și nu este ceva ce ar trebui să compari unul cu celălalt. În prezent, mulți oameni folosesc acești termeni în mod interschimbabil pentru a descrie o relație delicioasă și bogată, dar acestea sunt două concepte complet diferite.

Relațiile de suflet pereche nu sunt menite să fie relații romantice intime. Un suflet pereche poate să fie copilul tău, un părinte, un prieten apropiat, un mentor, un vecin, un profesor sau un prieten special. Sufletele pereche nu sunt menite să fie în viața ta eternă pentru totdeauna. Ei sunt frați sau surori unici în Dumnezeu, care *rezonează îndeaproape cu tine într-un anumit moment al călătoriei tale în viața eternă*. În cele din urmă, aproape toate sufletele pereche vor ajunge să plece de lângă tine și noi suflete pereche vor veni să le ia locul.

Nu vei face întotdeauna aceleași alegeri ca și cei din jurul tău așa că, în cele din urmă, nu veți mai rezona în armonie și veți merge pe căi separate în existența voastră eternă.

Uneori, oamenii confundă un suflet pereche cu cineva cu care ești implicat romantic. Poate că au fost soțul tău într-o viață anterioară, sau soțul tău pentru multe vieți anterioare. Este în regulă, dar asta nu înseamnă că au fost creați pentru a *fi* soțul tău. **Aceștia sunt doar un înlocuitor pentru soțul tău etern, Sufletul tău Geamăn.**

A venit la noi o studentă care avea una dintre acele așa-zise relații "foarte speciale" de suflete pereche. Fusese căsătorită cu un suflet pereche timp de mai multe vieți anterioare și părea o relație foarte stabilă, confortabilă și ușoară. Shaleia a folosit un instrument puternic pe care l-a dezvoltat care se numește *"Romance Analysis Multi-Reading"* (Analiza Romantismului Multi-Citire) pentru a analiza această relație de suflete pereche; și romantismul era subțire ca hârtia, de fapt, era o iluzie completă. Funcționau "bine" doar pentru că amândoi se temeau să fie cu propriul lor Suflet Geamăn. Când teama s-a dizolvat totuși prin alegerea ei puternică și limpede precum cristalul de a fi doar cu adevăratul ei Suflet Geamăn, la fel s-a întâmplat și cu romantismul lor fals.

Shaleia a analizat apoi Uniunea cu Sufletul Geamăn al aceluiași client prin intermediul *"Romance Analysis Multi-Reading"*, iar romantismul a fost extraordinar de profund. Studenta a dat drumul rapid și complet la relația cu sufletul pereche, care o bloca să-și întâlnească Sufletul Geamăn, iar Sufletul ei Geamăn a apărut aproape imediat. Ea este mult mai satisfăcută cu Sufletul ei Geamăn decât cu sufletul ei pereche special.

Puțini oameni au astfel de suflete pereche, dar toată lumea are un Suflet Geamăn. Sufletele pereche sunt o iluzie temporară a romantismului care, în cele din urmă, nu durează și pe care puțini oameni o experimentează. Sufletele pereche nu sunt cea mai bună sau recomandată poveste de dragoste pe care o poți avea, deoarece ei nu au fost concepuți pentru a fi Iubirea ta Desăvârșită, Complementul tău Divin Perfect, Sufletul tău Geamăn.

Sufletele Gemene sunt omologii divini ai unui plan sufletesc mai mare. Suflete Gemene sunt întregi de sine stătători, dar complet interconectați în toate privințele unul cu celălalt. În general, Sufletele Gemene vin în perechi, dar Dumnezeu poate alege să creeze mai multe, inclusiv până la șapte Suflete Gemene într-o singură Uniune. Dumnezeu nu creează mai mult de șapte. El spune că nu este distractiv dincolo de șapte.

Un Suflet Geamăn provine din Marele Soare Central (Dumnezeu). Marele Soare Central își extinde razele (Uniuni de Suflete Gemene), iar aceste Raze se concentrează apoi într-o flacără. Deci, două sau mai multe Flăcări (Suflete) se despart dintr-o singură Rază.

Atunci când Sufletele Gemene se reunesc din conștiința separării pentru a forma o Rază completă, se experimentează o iubire mult mai profundă. Energia care poate fi exprimată prin și între aceste suflete este extraordinară. Tot ceea ce experimentează împreună în viața lor este amplificat. Iubirea, durerea, emoția, entuziasmul, frica, toate expresiile și experiențele sunt amplificate în viața Sufletelor Gemene unite.

Acesta este motivul pentru care poate fi atât de dificil la început ca Sufletele Gemene să fie împreună. Dacă nu s-au vindecat suficient de conștiința separării pentru a fi echilibrați individual, atragerea Sufletului Geamăn amplifică supărarea pe care deja o experimentează. Unele Suflete Gemene experimentează o creștere extraordinar de rapidă și tulburare și o supărare uriașă. Alte Suflete Gemene pot experimenta o iubire și pace extraordinare. Totul depinde de locul în care te afli în interiorul tău atunci când îți întâlnești Sufletul Geamăn.

Doar practică Exercițiul Oglinzii pentru a-ți curăța conștiința și alegerile de separare și, inevitabil, vei experimenta o iubire extraordinară a vieții tale eterne cu Sufletul tău Geamăn.

Capitolul 9

Suflete Gemene: Complementele Divin Feminin și Divin Masculin

Există două polarități în cazul Sufletelor Gemene, iar tu ești ori una, ori cealaltă. Tu ești fie 100% masculin în esența ta, fie 100% feminin în esența ta. Aceste două energii sunt statice, în sensul că ele rămân ca această polaritate pentru toată eternitatea, din momentul creației tale.

Perechile de Suflete Gemene sunt întotdeauna formate dintr-o polaritate masculină și una feminină, nu există nicio excepție. Dumnezeu ne-a creat în acest fel pentru că Dumnezeu este atât masculin, cât și feminin și deoarece comuniunea dintre aceste două energii este *atât de* suculentă.

Energia masculină este o energie care dăruiește, o energie care pătrunde. Acesta se exprimă în feminin din interiorul său. El dorește să se exprime cu iubire în tot ceea ce își pune atenția. Masculinul este o completare frumoasă a femininului.

Energia feminină este o energie care primește, care se revarsă abundent. Ea își dorește să primească masculinul și-l încurajează pe acesta să dea mai mult. Cu cât masculinul dă mai mult, cu atât mai mult ea se revarsă în el, astfel energizându-l. Aceste două energii împreună sunt incredibil de suculente și extrem de puternice. Ele se susțin și se încurajează reciproc enorm.

Atunci când masculinul are blocaje în a iubi, încurajarea feminină îl poate face să se întoarcă la locul de a dărui iubire. Atunci când femininul are blocaje în a iubi, masculinul o poate ajuta să elimine aceste blocaje iubind-o. Comuniunea este un miracol divin și o creație a lui Dumnezeu absolut de frumoasă.

Una dintre modalitățile prin care poți afla dacă ești Divinul Feminin sau Divinul Masculin în Uniunea ta de Suflete Gemene este să înțelegi cum te raportezi cel mai bine la această lume. Te raportezi prin feminitate? Sau prin masculinitate? Poți ajunge la același răspuns și prin înțelegerea modului în care îți place să faci sex. Îți place să *primești* sex (feminin)? Sau îți place să *oferi* sex (masculin)? Nu contează cum arată în exterior actul amoros, pentru că nu este vorba deloc despre tehnica sexuală, ci mai degrabă de modul în care simți și experimentezi sexul la nivelurile interioare ale conștiinței și ființei tale.

Sunt toate Sufletele Gemene perechi formate din bărbat și femeie? Pe Pământ, bineînțeles că nu! Avem multe persoane LGBTQ+ pe planetă astăzi, care sunt cu Sufletul Geamăn de același sex sau cu o altă identitate de gen. Doar pentru că cineva se identifică ca fiind un anumit gen nu înseamnă că acesta este Adevărul Ființei sale.

Doar pentru că cineva se naște într-un corp de bărbat sau de femeie nu înseamnă că acesta este Adevărul Ființei sale.

Petrece puțin timp cercetând oamenii și vei descoperi că există atât de multe persoane cu trupuri masculine care se identifică de fapt ca femei, chiar dacă au organe genitale masculine. Există atât de multe persoane cu trupuri feminine care se identifică de fapt ca bărbați, chiar dacă au organe genitale feminine.

Acest lucru se datorează unei confuzii de identificare. Toate persoanele LGBTQ+ care se confruntă cu aceste fenomene de identificare ale genului se confruntă cu diferite niveluri ale aceleiași confuzii interioare. Multe dintre aceste persoane se confruntă cu acest lucru și, totuși, fac o treabă fantastică în a descoperi cine sunt cu adevărat în interior și în a exprima acest lucru.

Este important să ne amintim că există doar două polarități și că, în cele din urmă, fiecare va ajunge să se identifice cu Adevărul Ființei sale. Ei sunt fie masculini, fie feminini. În cele din urmă, există doar două tipuri diferite de corpuri adecvate pentru ca fiecare persoană să-și experimenteze Adevărul Divin: masculin și feminin. Acest lucru se datorează faptului că trupul fizic nu este doar un recipient în care un suflet se întâmplă să fie plasat „aleatoriu", ci aceste corpuri fizice pământești concepute divin, inteligent și cu un scop, sunt create pentru a onora și extinde expresia adevărată și autentică a ceea ce ești cu adevărat în interior, fie ca Suflet Geamăn Divin Masculin, fie ca Suflet Geamăn Divin Feminin.

Dar doar pentru că ești o energie feminină într-un corp masculin nu înseamnă că trebuie să apelezi imediat la o operație chirurgicală pentru experiența ta. Este *esențial* să te accepți cu iubire pentru locul în care te afli acum și să-ți accepți cu iubire Sufletul Geamăn pentru locul în care se află acum.

În Adevăr Divin, îți poți transforma cu ușurință corpul în cel care se aliniază cel mai bine cu polaritatea ta. Corpul nostru este alcătuit în cea mai mare parte din apă. Apa poate curge și se poate schimba cu ușurință. Amintește-ți acest lucru de fiecare dată când ești supărat pe corpul tău. Corpul tău este o extensie a Ființei tale. Nu reprezintă Ființa ta, ci este doar *o extensie a Ființei tale*. Undeva, pe parcurs, ai făcut alegerea de a-ți transforma corpul în ceva diferit față de creația ta inițială. Ai făcut acest lucru în mare parte pentru că te-ai gândit că ar putea fi amuzant să explorezi această idee, iar mulți alții păreau, de asemenea, să se distreze explorând această idee.

Cu toate acestea, dacă ești o energie masculină care se exprimă ca o energie masculină, această expresie este ceea ce se va simți în cele din urmă cel mai *savuros* pentru tine. Este un gând de separare că ai putea să te distrezi mai mult exprimându-te în moduri în care Dumnezeu nu te-a creat să fii.

Adu-ți aminte, indiferent de ceea ce experimentezi acum, totul este absolut în regulă. Indiferent de modul în care te-ai identifica, este absolut în regulă și nu există nicio presiune pentru a te schimba în vre-un fel. Dacă există ceva ce conștiința noastră globală a învățat, sperăm, în acest moment, prin mișcarea LGBTQ+, este acceptarea necondiționată și respectul față de sine și față de ceilalți, indiferent de ceea ce aleg.

Nu ne așteptăm să te schimbi în vreun fel, dar considerăm că este important să-ți comunicăm în mod clar Adevărul foarte simplu al Ființei tale. Aceasta nu este o carte despre cum să descoperi ce polaritate ești la un nivel mai profund, dar caută în inima ta și în experiențele tale dacă nu ești sigur. Poți explora și experimenta, poți încerca lucruri noi, poți descoperi cine ești cu adevărat în interior.

În cele din urmă, nu contează ce crede, spune, face sau alege altcineva, trebuie să fii mulțumit și fericit cu tine însuți. Trebuie să te simți bine în legătură cu tine însuți și cu alegerile tale și nimeni altcineva nu poate avea nici un cuvânt de spus în acest sens. La sfârșitul zilei, tu și numai tu ești cel cu care trebuie să fii pentru eternitate; iar gândurile, alegerile și cuvintele altora nu ar trebui să aibă nicio influență asupra modului în care-ți gestionezi relația față de și cu tine însuți.

Caută mereu să-ți onorezi întotdeauna Sinele Adevărat din interior și vei găsi întotdeauna pace, bucurie, satisfacție și acceptare de sine pentru eternitate. Onorându-te pe tine însuți, Îți va fi cel mai ușor să fii cu Sufletul Geamăn. Acceptându-te pe deplin și iubindu-te pe tine însuți pentru unde te afli acum, vei găsi fără echivoc bucurie, pace și acceptare din partea Sufletului tău Geamăn și a Uniunii ta. Alege să te onorezi pe tine însuți în totalitate și acolo vei găsi întotdeauna iubire.

Capitolul 10

Povestea de Dragoste a Sufletelor Gemene Colby și Keely

Prima Întâlnire
Februarie 2017
<u>Colby</u>

Am vrut să ne apropriem, dar ne era frică. Erau atât de multe lucruri care puteau merge prost și atât de multe lucruri care au mers prost în trecut. Cum am putea să ne îndrăgostim brusc și să avem o viață perfectă? Cum ar putea ca problemele noastre să se rezolve într-o clipită? Nu avea niciun sens. Și totuși, eram acolo, privindu-ne unul în ochii celuilalt, știind că asta este ceea ce am căutat toată viața noastră.

Eram amândoi nesiguri de unde venise această persoană uluitoare. Ne-am întâlnit, stinger, în spatele tejghelei de carne de la magazinul nostru local.

Următoarea zi, am observat că aveam un impuls incontestabil de a fi în preajma ei. Vroiam să vorbesc cu ea și să o cunosc. Astfel că, de fiecare dată când aveam ocazia, mă aflam în zona ei de lucru, făcându-i munca în locul ei, astfel încât ea să aibă spațiul necesar pentru a-și împărtăși viața cu mine.

Am vorbit despre absolut orice. Politică, spiritualitate, schimbări climatice, muzică, trecutul nostru, relațiile noastre actuale, copilăriile noastre. Conversația a curs pe măsură ce am prins valul pasiunii noastre unul pentru celălalt.

Nu a trecut mult până când conversațiile noastre au început să se reverse în noapte. Keely s-a oferit să mă conducă acasă la sfârșitul turei noastre de lucru și am acceptat imediat. Acest lucru a devenit rapid o obișnuință.

<u>Keely</u>

Zidurile din jurul inimii mele se topeau instantaneu când el era prin preajmă. El devenea într-un mod foarte rapid și brusc cel mai apropiat confident al meu. M-a frapat cât de naturală și de ușoară se simțea relația noastră. Aș putea vorbi cu Colby despre orice și tot ce se află sub soare. Nici un subiect nu era interzis. Nici măcar vorbăria mea pasionala despre egalitatea sexelor și sexualităților nu l-a putut speria pe acest bărbat. Mă simțeam smerită.

Îl simțeam cum se uită fix în sufletul meu când vorbeam. Vedea totul despre mine, și asta m-a speriat puțin. Am încercat să-l țin la distanță, dar Colby a văzut dincolo de frica mea. Era perseverent.

Știam mereu când Colby era la lucru. Nu se temea să fie auzit. Vocea lui puternică, răsunătoare putea fi auzită făcând ecou între pereții de beton.

Nu mi l-aș fi putut scoate din minte nici dacă aș fi încercat. Ceva din interiorul meu știa că viața mea va fi schimbată pentru totdeauna de relația noastră.

Colby simțea cumva când terminam munca, chiar și atunci când nu lucram în departamentul său. Mă căuta printre raioanele de alimente pentru că știa că îmi place să fac câteva cumpărături după ce-mi terminam tura.

Când m-a găsit, am încercat să mă prefac că nu mă gândisem deja la el. S-a uitat fără teamă în ochii mei cu o atenție totală. Nu am avut de ales decât să mă predau iubirii sale. Era interesat de mine și era reciproc.

Timpul se oprea când eram împreună. Sunetele și imaginile din jurul nostru se estompau în timp ce vorbeam despre zilele noastre, despre mâncărurile și băuturile noastre preferate. De obicei, un client îi cerea ajutorul și conversația noastră se încheia. Mă îndreptam spre casa de marcat cu prezența lui Colby încă în mintea mea.

Colby

De fiecare dată când treceam prin raionul de carne, verifcam dacă Keely era acolo. Ea făcea la fel. Eram total conștienți de ceea ce se întâmpla în interiorul nostru. Ezitam să recunoaștem acel lucru.

Pe măsură ce trecea timpul în acea lună, am realizat amândoi că relațiile noastre actuale erau condamnate. Aveam o logodnică și un copil de un an acasă. Am dat drumul la straturi de rușine și vinovăție când mi-am urmat inima către Keely. Nimic nu mă putea convinge să o las să plece. Relația noastră simțea prea bine pentru a o lăsa în urmă.

Revendicarea Iubirii Eterne
Aprilie 2017
<u>Colby</u>

Keely a fost prima persoană de care m-am simțit complet acceptat. Împărtășeam aceleași interese, vise și perspective asupra vieții. Avea tot ce îmi dorisem vreodată de la o femeie și nu numai. Ea m-a încurajat să-mi urmez visele și a vorbit în moduri care mi se păreau familiare.

De-a lungul săptămânilor, logodnica mea a simțit o schimbare în mine. Am fost fericit pentru prima dată după mult timp. În sfârșit spuneam "nu" suferinței și "da" iubirii. Odată ce și-a dat seama că nu mă mai putea controla, a plecat. Despărțirea a fost cel mai înțelegător lucru de făcut. Nu am fost creați ca iubiți veșnici și amândoi știam asta. Nu contează cât de mult am încercat, relația noastră nu a fost menită să dureze.

<u>Keely</u>

Aveam supărări profunde cu iubitul cu care locuiam. Am început să caut online răspunsuri despre cum să ne salvăm relația eșuată. Atunci am dat peste "Suflete Gemene". Mi-am amintit că văzusem videoclipuri legate de Suflete Gemene anul anterior. M-am gândit: "Poate că noi eram Suflete Gemene?". Potrivit videoclipurilor, tot ce trebuia să fac era să aștept și, în cele din urmă, el ar fi apărut.

I-am oferit spațiu în timp ce mi-am concentrat mai mult atenția asupra mea și asupra propriei mele fericiri. Nu am vrut să aștept să mă simt bine. Pe măsură ce continuam să mă iubesc, abia ne mai vedeam. Eram mai degrabă colegi de cameră decât iubit-iubită. Am continuat să mă urmăresc videoclipurile despre Suflete Gemene pe YouTube și un clarvăzător m-a asigurat că până la sfârșitul lunii, bărbatul meu se va întoarce.

Sfârșitul lunii a trecut și relația noastră se simțea doar mai rău. Mi-am dat seama că aveam așteptări legat de ceea ce credeam că este relația noastră. Am ales să dau drumul la așteptări și să-l iubesc necondiționat. Am mers până la capăt și l-am revendicat. Relația noastră s-a simțit și mai rău după aceea.

Relația cu "prietenul" meu Colby se simțea mult mai bine.

Cu cât mă iubeam și mă acceptam necondiționat, cu atât mai puțin iubitul meu vroia să fie în preajma mea. Apoi mi-a picat fisa. Mă iubeam mai mult decât iubitul meu mă iubea pe mine. M-am despărțit de el în seara aceea și am ales să-mi revendic Sufletul Geamăn adevărat. Știam că e acolo undeva. Nu-mi păsa cine era, în ce corp era sau ce vârstă avea. Tot ce îmi doream era să fiu într-o relație sănătoasă și plină de iubire. Eram sătulă de separare.

Colby

Îmi mâncam burrito-ul în pauza de prânz în fața serviciului când am văzut-o pe Keely venind spre mine. Purta cizmele de lucru, blugi negri și un rucsac mic și negru de la REI. Avea părul ascuns sub bonetă. Arăta drăguț.

Când ochii ei au surprins ochii mei, fața i s-a luminat într-un zâmbet. S-a oprit la masa mea pentru a vorbi.

„Ce mai faci?" a întrebat Keely.

„Um, a fost interesant. Zilele astea renunț la o mulțime de frici", am răspuns eu.

Keely s-a uitat la mine curioasă. „Mhmm", a răspuns ea.

„Ce mai faci?" Am întrebat-o.

„Mă descurc de minune! Eu și iubitul meu tocmai ne-am despărțit și mă simt liberă. Mi-am dat seama cât de mult mă reținusem din a-mi trăi viața", a răspuns Keely.

„Wow. Și eu și logodnica mea tocmai ce ne-am despărțit", i-am răspuns cu un zâmbet larg pe față.

„Oh, wow", a spus Keely cu o privire perplexă.

În ciuda încercărilor noastre de a ne menține relațiile cu alte persoane, acestea s-au dezintegrat. Simultan. Iar acum eram amândoi disponibili. Era timpul să acționez.

Prima Noastră Întâlnire
Mai 2017

Keely

Lucram la docul de recepție când Colby a apărut în fața biroului meu. Ascultam videoclipuri spirituale când a sosit. M-am înroșit și mi-am scos căștile pentru a-l putea auzi.

Am început să vorbim, așa cum făceam de obicei, și conversația s-a îndreptat spre viitorul nostru. Contractul meu de închiriere expira la sfârșitul lunii și planul meu era să renunț la slujbă și să trăiesc din banii pe care îi economisisem până când găseam o altă soluție.

„Nu ești niciodată singură", a izbucnit Colby.

Cuvintele lui m-au lovit direct în inimă. Lacrimi au început să mi se formeze în ochi. Vorbea serios cu toată ființa lui.

„Mulțumesc", i-am răspuns. „Înseamnă mult pentru mine."

„Este adevărat. Dacă ai vreodată nevoie de ceva, eu sunt aici", a spus Colby. Timpul a părut să se oprească.

„Hei", a spus Colby cu o sclipire în ochi. „Vrei să vii la mine și să petrecem timpul împreună?"

Înainte de a mă putea gândi, am spus: „Da! Mi-ar plăcea asta."

Colby

Când a sosit, îmi pregăteam fiica pentru culcare. Keely a așteptat răbdătoare în sufragerie până când am terminat.

M-am bucurat foarte mult să o văd. Știam că era ceva important și că în sfârșit eram cu femeia pe care mi-o doream cu adevărat. Am invitat-o în curtea din spate.

Repede, am strâns lemne și am aprins un foc. Flăcările au început să urce în timp ce priveam către foc. Cerul amurgului ne lumina ușor fețele în timp ce soarele se cufunda sub orizont.

Energia care curgea prin noi era electrizantă. Am continuat să conversăm așa cum ne obișnuisem. Nu exista nicio îndoială asupra conexiunii pe care o simțeam amândoi. Ceva din adâncul nostru, al amândurora, se trezise și-și făcea simțită prezența. Nu puteam face nimic altceva decât să continuăm să ne apropiem.

Keely

Pe măsură ce noaptea avansa, nu mai puteam să-mi neg sentimentele pentru Colby. El era cel pe care îl căutam iar el a fost aici tot timpul. I-am citit astrograma natală și am vorbit cu el despre spiritualitate. S-a uitat la mine cu iubire în ochi. În acel moment, s-a aplecat și m-a întrebat dacă mă poate săruta.

Am spus „Da!", în ciuda emoțiilor mele. Când buzele noastre s-au întâlnit, am simțit un val de energie profundă care a crescut în mine. Primul nostru sărut a fost electrizant, dar liniștit. Pur și simplu s-a simțit *cum trebuie*. Frica a început să se risipească din sistemul meu pe măsură ce mi-am dat seama cine era Colby pentru mine. El era Sufletul meu Geamăn.

Colby s-a uitat la mine zâmbind și m-a întrebat dacă aș vrea să mergem la o plimbare. Am acceptat de îndată. Ne-am ținut de mână în timp ce ne plimbam prin cartierele liniștite din jurul casei lui. Am privit stelele care scânteiau deasupra noastră. În timp ce ne plimbam, Colby se oprea la fiecare copac și-i vorbea. Îi spunea copacului cât de frumos era și cât de recunoscător îi era pentru prezența lui în viața noastră.

La început, am fost puțin jenată. Nu mai fusesem niciodată cu cineva care nu se temea atât de mult să fie el însuși. Mi-am lăsat frica de a fi văzută să dispară. Și eu împărtășeam o dragoste profundă pentru natură și am considerat că relația lui cu copacii era atrăgătoare. Iubea copacii și nu se temea să o arate.

Săptămâna următoare a fost fericire pură. Ieșisem din viețile pe care le cunoșteam și am intrat într-o altă lume. Pe măsură ce am petrecut mai mult timp împreună, a început să se manifeste o conexiune sublimă cu întreg Universul.

Zi de zi, eram împreună. Pluteam pe un nor, cu problemele noastre lăsate în urmă. Știam că aici ne doream să fim. Știam că locul nostru este împreună.

Până la sfârșitul săptămânii, discutam despre cum urma să ne mutăm împreună. Aveam planuri de a înființa un centru de vindecare și de reculegere; am amenaja peisajul folosind principiile permaculturii și și am avea meditații și discuții pentru a ajuta la tratarea traumelor emoționale.

Părea că totul se așezase la locul lui, dar lipsea ceva esențial. Nu aveam fundația de vindecare necesară pentru a ne manifesta visele.

Separare
Iunie 2017
Keely

Apoi am reintrat în lumea pe care o cunoscusem înainte. Am început să interacționăm cu oamenii cu care avusesem relații. Prietenii și familia lui Colby au fost reticenți față de conexiunea noastră. Frica a început să se manifeste. Îndoiala a început să se strecoare în mințile noastre. Și i-am permis să se agraveze. Să fi fost aceasta doar o altă poveste de dragoste tragică „prea frumoasă ca să fie adevărată", ca toate celelalte?

Colby

Nu prea contează ce anume ne-a despărțit. Detaliile nu contează niciodată cu adevărat. Tot ceea ce contează este alegerea dintre dragoste și frică. În acel moment, noi am ales frica.

În ciuda prieteniei noastre glorioase și a profunzimii sentimentelor pe care le aveam unul pentru celălalt, ne-am despărțit. Keely s-a urcat în mașina ei și a plecat. Iar eu am ales să nu lupt pentru ea. Ne-am permis ca visele noastre să dispară.

Am vorbit pentru o scurtă perioadă de timp după ce Keely a părăsit Portland și a plecat în orașul ei natal din Massachusetts. Acest lucru nu s-a terminat cu bine, deoarece credeam că avem o schismă fundamentală în convingeri. Nu am mai vorbit timp de câteva luni după aceea.

Keely

Alegerea de a-mi părăsi bărbatul a fost absolut cea mai dezastruoasă decizie pe care am luat-o vreodată. Nu eram conștientă de ceea ce înseamnă cu adevărat această relație și am încercat să o tratez ca pe orice altă relație. Am o compasiune profundă pentru mine aici. Am crezut că aș putea să-l uit pe Colby distrăgându-mi atenția cu o călătorie de trei luni pe Coasta de Vest. Ceea ce am aflat este că nu am putut să-l scot din inima și din sufletul meu. Am învățat, de asemenea, că nu pot rămâne supărată pe el.

Lecții Învățate
August 2017
Keely

Cu cât conduceam mai mult, cu atât mă simțeam mai rău din punct de vedere mental, fizic și emoțional. În cele din urmă, starea mea de sănătate a ajuns atât de gravă încât abia dacă mai puteam să îndeplinesc activități de bază. A trăi singură în mașina mea nu mai era o opțiune. Părinții mei mi-au propus să stau la ei. M-am simțit ușurată că aveam un loc stabil unde să stau, unde să mă recuperez și să primesc ajutorul medical de care aveam nevoie.

La scurt timp după ce am ajuns la casa părinților mei, Colby și cu mine am vorbit din nou. După convorbirea noastră telefonică, am fost lovită de un val de tristețe în timp ce am am realizat cât de departe eram unul de celălalt. Mă simțeam goală pe dinăuntru. Știam că trebuia să fim împreună, dar nu eram foarte sigură cum.

Mi s-a arătat elefantul din cameră: sănătatea mea fizică. Mă epuizasem atât de mult în ultimele luni, încât corpul meu se simțea foarte desincronizat. Nu mai puteam digera mâncarea fără dureri, balonare și constipație timp de câteva zile. Am început să merg la un nutriționist și am aflat, după ce am făcut un test de alergii, că eram alergică la aproape toate alimentele pe care le mâncam. Mi-era frică de mâncare și mă simțeam fără speranță. Știam că trebuie să-mi pun sănătatea în ordine dacă voiam să mă întorc în Portland și să fiu cu Colby.

În următoarele luni am încercat tot felul de „remedii" pentru durere, cum ar fi eliminarea zahărului, a cărnii, a produselor lactate și a tuturor alimentelor procesate. Am început să fumez canabis medicinal de mai multe ori pe zi pentru a calma durerea, dar în curând mi-am dat seama că nu acesta era răspunsul. Nu am vrut să depind de canabis. Ce s-ar fi întâmplat dacă tot canabisul s-ar fi terminat? Ce m-aș face atunci? M-am gândit: „Trebuie să existe o altă cale. Trebuie să existe un mod mai bun de a-mi trăi viața."

Găsirea Învățătorilor Noștri
Aprile 2017
<u>Keely</u>

M-am lăsat de fumat și am început să simt din nou. Lucruri pe care am încercat să le reprim au ieșit la iveală. Unul dintre aceste lucruri a fost dorința mea profundă și incontestabilă de a fi cu Sufletul meu Geamăn. În sfârșit ieșeam din ceață și deveneam conștientă de faptul că mă săturasem de contrast. În acel moment, am ales fericirea. Atunci i-am găsit pe Jeff și pe Shaleia pe YouTube. Să-i văd pentru prima dată pe YouTube a fost un moment pe care nu-l voi uita niciodată. Toată conștiința mea a vibrat recunoscând cine erau ei pentru mine. Am simțit că îi cunoșteam dintotdeauna.

„Ei sunt învățătorii mei", am spus în inima mea.

Am început să urmăresc în continuu tot conținutul lor gratuit. M-am uitat cum Jeff și Shaleia trăiau viața pe care eu abia o gustasem cu câteva luni în urmă. Eram hotărâtă să învăț tot ce aveau să mă învețe.

Ori de câte ori mă simțeam deosebit de deprimată sau lipsită de speranță, alegeam un videoclip de pe YouTube de pe canalul lui Jeff și Shaleia, mă ghemuiam sub o pătură și lăsam cuvintele lor să îmi liniștească sufletul. Videoclipurile lor erau atât de diferite față de ceilalți „învățători" de Suflete Gemene din domeniu. Jeff și Shaleia știau ceva ce acești așa-ziși învățători nu știau.

Într-un anumit videoclip, îmi amintesc că i-am ascultat pe Jeff și Shaleia vorbind despre faptul că una dintre cheile pentru a ajunge împreună cu Sufletul Geamăn este recunoașterea uniunii tale cu Dumnezeu. Această afirmație a atins o coardă sensibilă în adâncul sufletului meu. Mi-am amintit de timpul petrecut cu Colby și cât de împăcată mă simțeam. În acel moment, eu doar recunoșteam o putere superioară a perfecțiunii care străbătea totul în interiorul și în jurul meu. Am numit această putere Universul, Gaia și Mama Pământ. Mi-am dat seama, după ce i-am ascultat pe Jeff și Shaleia vorbind despre Dumnezeu, că de fapt vorbisem cu El în tot acest timp!

Nu am fost crescută religios. Mama mea era oarecum spirituală și credea în viața de apoi, iar tatăl meu era ateu. „Dumnezeu" nu era un termen cu care eram familiarizată. Crescând, îmi invidiam prietenii care practicau religia și se adunau la biserica lor la ocazii speciale. Sentimentul de comunitate a fost întotdeauna ceva ce mi-am dorit.

Un alt filmuleț al lui Jeff și Shaleia făcea reclamă școlii lor de Suflete Gemene și grupului de Facebook. M-am alăturat imediat grupului lor de pe Facebook și am aflat că puteam deveni membru al Twin Flame Ascension School și al Life Purpose Class pentru doar câteva sute de dolari pe lună. Aveam doar suficienți bani pentru a plăti ambele abonamente lunare. Am știut în inima mea că aceasta era soluția pe care o căutam.

Nu aveam nici măcar un gram de îndoială în mintea mea. Toată ființa mea știa. Am început să studiez zilnic cursurile lui Jeff și

Shaleia și Exercițiul Oglinzii. Grupul meu de discuții săptămânal era ceva ce așteptam cu nerăbdare în fiecare săptămână. În sfârșit, mă simțeam înțeleasă.

Diferența pe care această comunitate a făcut-o în călătoria mea a fost totală. Am putut să vorbesc cu oameni adevărați despre ceea ce trăiam, fără să fiu judecată. Și nu numai atât, dar mi-au oferit soluții reale și concrete la toate problemele mele. Lucrurile din viața mea au început să se schimbe rapid pe măsură ce am învățat să mă iubesc pentru prima dată.

Reconectare
Iunie 2018
<u>Keely</u>

Starea mea de sănătate s-a îmbunătățit foarte mult pe măsură ce mi-am simțit sentimentele și m-am reconectat cu corpul meu după ani de abuz. Am participat la o sesiune de vindecare corporală și am vindecat rădăcina problemelor mele de digestie. Mi-am permis să mănânc ce am vrut pentru prima dată în viața mea și nu am avut efecte adverse. Digestia mea este acum mai bună decât a fost vreodată în întreaga mea viață.

Au trecut trei luni și mă simțeam din ce în ce mai bine în fiecare zi. Am simțit pentru prima dată o Pace reală și am început să dezvolt o relație de iubire cu Dumnezeu. Dumnezeu a fost cel care m-a adus la Colby și tot Dumnezeu a fost cel care mi-a adus soluția dorințelor mele: Jeff și Shaleia.

Totul se simțea mai ușor. Chiar și relațiile mele de familie s-au îmbunătățit. Mi-am oglindit supărările mele anterioare cu Colby și am ales adevărul de fiecare dată. M-am iertat pe mine însămi pentru că l-am părăsit pe Colby și am ales în schimb să am compasiune pentru noi. Totul mergea atât de bine. Atunci a fost momentul când Dumnezeu mi-a spus că era timpul să mă apropii de Colby.

Aproape că m-am împotrivit, de frică. Dar apoi am decis să aleg iubirea. Am ales să am încredere în Dumnezeu și, cu îndrumarea lui Dumnezeu, i-am trimis lui Colby o înregistrare vocală de șapte minute prin e-mail în care îl puneam la curent cu viața mea și cu conștientizarea mea profundă. Am făcut alegerea de a-i permite lui Dumnezeu să vorbească prin mine.

I-am spus lui Colby că-l iubesc și că nu am încetat să mă gândesc la el. Mi-a răspuns patru ore mai târziu cu un e-mail. Unul dintre lucrurile mele preferate pe care le-a spus în răspunsul său a fost: „Pot auzi solitudinea liniștită în vocea ta. Este inconfundabilă și revigorantă. Bună treabă." Am fost foarte fericită că a observat progresul meu spiritual. Am fost amândoi de acord că discuția la telefon ar fi un pas bun în continuare.

Colby

Când a venit timpul ca eu și Keely să vorbim la telefon, ea nu a răspuns. Am sunat-o de mai multe ori, dar telefonul ei a intrat direct în căsuța vocală. „Mi-a tras clapa", mi-am zis. Eram obișnuit să fiu tratat astfel de alte persoane, dar am fost surprins să experimentez acest lucru cu Keely. Nu îi stătea în fire să facă așa ceva. Am ales să lucrez cu sentimentele mele și m-am gândit că trebuie să existe o explicație întemeiată.

Keely

Eram nervoasă în legătură cu „întâlnirea telefonică" cu Colby. Am ales să fiu romantică în avans pentru a mă ajuta să-mi calmez nervii și să mă simt conectată la Dumnezeu. Am ales să mă îmbrac într-o rochie frumoasă cu imprimeu floral și să-mi aranjez părul și machiajul. M-am așezat pe scaunul meu, uitându-mă pe fereastră, în timp ce ora stabilită de comun acord se apropia rapid.

Au trecut câteva minute și nu primisem niciun telefon de la Colby. Am simțit o ușoară panică apărând în mine. „O, nu... probabil că nu este interesat de mine", m-am gândit în sinea mea. Dar apoi am început să-mi oglindesc supărările. Am ales să iubesc partea din mine care se simțea abandonată și rănită. Dumnezeu nu m-a părăsit niciodată. El este întotdeauna aici. A trecut o oră și tot nu am primit niciun telefon de la Colby.

În cele din urmă, m-am furișat la parter, în sufragerie. Sora mea, Marlee, aștepta o noutate. I-am spus ce s-a întâmplat și ea m-a întrebat calm, „ești sigură că nu e blocat pe telefonul tău?"

„Bineînțeles că nu", i-am răspuns. „L-am deblocat acum câteva luni".

Marlee se uita la mine, cercetându-mă în continuare cu privirea. „Poate ar trebui să verifici din nou", a spus ea.

„Bine, o să verific, dar nu se poate..." M-am oprit cu neîncredere când am văzut că, într-adevăr, Colby era încă blocat pe telefonul meu. Am apăsat butonul de deblocare și apoi telefonul meu a fost inundat de mesaje vocale și SMS-uri vechi de la Colby din ultimele luni. Tot acest timp în care am crezut că nu vrea să aibă nimic de-a face cu mine a fost de fapt doar frica mea de a fi iubită.

La începutul anului 2018, mă simțeam atât de disperată să am contact cu Colby încât am ajuns să-l blochez pe telefon pentru a nu fi tentată să-i trimit mesaje nevoiașe și enervante. Aș fi putut jura că l-am deblocat în Aprilie, dar se pare că nu!

I-am trimis imediat lui Colby un mesaj cu scuzele mele și i-am spus că sunt disponibilă să vorbesc cu el acum. Mi-a dat un răspuns imediat și mi-a răspuns la telefon.

Colby

Când am vorbit cu Keely la telefon pentru prima dată după câteva luni, m-am simțit foarte liniștit și împământat. În ciuda faptului că mă simțeam frustrat mai devreme din cauza incidentului nostru, am ales să o iert și să o iubesc oricum. Mi-am dat seama că amândoi făceam exact ceea ce trebuia să facem. Chiar dacă nu aveam cuvinte pentru a descrie acest lucru, știam că ea era Sufletul meu Geamăn. Aveam un sentiment imposibil de șters în inima mea.

Keely

În timp ce vorbeam la telefon cu Colby, am decis să fac o meditație vizuală cu el. L-am călăuzit în spațiul inimii sale, unde l-am ajutat să-și imagineze cum greutatea de pe inimă începe să se destrame și să se elibereze în iubire. În timp ce îl ghidam spre inima lui, am simțit cum toată această energie se ridica din pieptul meu, în gât și apoi, în cele din urmă, se elibera prin coroana mea. Am început să plâng și i-am spus lui Colby că îl iubesc. El a răspuns la fel.

Mai târziu, Colby mi-a spus cât de copleșit se simțea de toate aceste schimbări spirituale. Mi-a descris cum s-a simțit ca și cum ar fi fost într-un cocon în ultimele luni și a experimentat moarte de ego după moarte de ego. Am ales să am compasiune față de procesul nostru de vindecare și l-am întrebat dacă ar vrea să-l ghidez prin supărarea lui.

Când l-am rugat să găsească partea din el care se simțea copleșită, a spus că nu o poate vedea. I-am spus să nu-și facă griji, pentru că eu puteam și o voi vindeca. I-am descris partea din el care avea nevoie de iubire și l-am încurajat pe Colby să se iubească acolo.

A doua zi dimineață, Colby mi-a spus cât cât de exactă am fost în privința supărării. M-a rugat să am răbdare cu el în timp ce își dădea seama de toate astea.

„Nu plec nicăieri", i-am răspuns.

Colby

Am vorbit timp de trei ore, în timp ce stăteam sub un Cedru Roșu Occidental. Îmi amintesc că mi-a descris o lumânare din dormitorul ei. Flacăra a fost împărțită în două pentru o clipă și apoi s-a unit într-una singură. Am știut că acesta era destinul nostru. Am simțit multă admirație în timp ce Keely vorbea despre practica ei spirituală și despre comunitatea din care făcea parte. Keely a menționat că avea de gând să facă o excursie la mine oraș în curând și am fost foarte încântat la gândul că o voi revedea. I-am spus că revenirea în Portland era o idee grozavă.

Reuniunea
21 Septembrie, 2018
Keely

Am primit "Romance Report" (Raportul de Romantism) de la Jeff și Shaleia. M-a dat pe spate. Când am citit mesajul transmis prin channelling de la Sufletul meu Geamăn, am început imediat să plâng și am simțit cum mi se deschide inima. Era în siguranță să mă deschid din nou către Iubire. Un lucru care mi-a rămas cu adevărat întipărit în minte a fost atunci când Jeff mi-a spus că nu trebuie să stăpânesc procesul meu total de Ascensiune pentru a fi cu bărbatul meu. Tot ceea ce este necesar pentru ca eu să reușesc este să lucrez prin tot ceea ce apare acum. Pentru a face asta, trebuie să mă accept acolo unde mă aflu acum. Această informație genială a fost exact ceea ce aveam nevoie pentru a mă pregăti pentru potențiala mea reîntâlnire cu Colby.

Planul era să călătoresc prin Statele Unite până în Portland, OR, cu sora mea, Marlee, și să o ajutăm să se mute în noul ei cămin. Colby știa că voi veni, dar nu stabilisem niciun plan pentru a ieși împreună. Aveam o mulțime de temeri și anxietate care se apropiau, dar mi-am amintit de sfatul lui Jeff și Shaleia. Tot ce trebuia să fac era să mă accept pe mine însămi. Asta era suficient.

Colby

Când s-a apropiat momentul sosirii lui Keely, eram speriat și mă simțeam nedemn de o dragoste atât de profundă. I-am trimis un e-mail lui Keely și i-am spus că nu ar trebui să o văd, deoarece mă consideram nedemn. Ea m-a sunat rapid și mi-a lăsat un mesaj în care îmi spunea că sentimentele mele erau absurde și că abia aștepta să mă vadă. I-am simțit iubirea prin cuvintele ei și am simțit multă ușurință în corpul meu. Am știut că avea dreptate.

Keely

Mesajul lui Colby m-a speriat la început, dar am știut că aveam toate instrumentele de care aveam nevoie pentru a ne vindeca conștiința. I-am subliniat frica și l-am iubit. Nimic nu avea să ne împiedice să fim împreună.

A doua zi, eu și Marlee ne-am împachetat bagajele în minivan-ul tatălui nostru și am plecat spre aeroport. Mai aveam șase ore de zbor înainte de a-l putea vedea pe Colby. Am ales să folosesc acest timp pentru a-mi simți sentimentele și pentru a mă iubi. Uneori, anxietatea era atât de puternică încât simțeam că vreau să renunț, dar am refuzat să fac aceeași greșeală pe care o făcusem cu un an înainte.

M-am întors în locul meu de pace și am citit pasaje din *Autobiografia unui Yoghin* și, bineînțeles, din această carte. Știam că Dumnezeu mă ghida tot timpul și că nu aveam de ce să mă tem. Am ales să mă predau Lui.

Mai târziu, în timpul zborului, m-am simțit chemată să mă răsfăț cu un platou de brânzeturi și fructe și o bere. Nu cumpărasem niciodată alcool sau mâncare într-un zbor și am lucrat prin sentimente de nevrednicie. L-am rugat pe Dumnezeu să mă ajute să trec peste rezistență și mi-a indicat cartea vecinului meu intitulată „Arta subtilă de a nu da doi bani". Am râs și am simțit cum energia din mine se schimbă. Dumnezeu are un mare simț al umorului. Era mesajul perfect de care aveam nevoie pentru a-mi onora dorința de a mă iubi fără teamă și fără judecată.

Mâncarea a venit imediat, dar băutura mea nu era nicăieri. Nu m-am supărat din cauza asta, pentru că eram perfect mulțumită să mă concentrez mai întâi asupra mâncării mele. După aproximativ 30 de minute, însoțitoarea de bord căreia îi făcusem comanda a venit. I-am reamintit de comanda mea de băutură și și-a cerut imediat scuze. Mi-am dat seama că se simțea prost, așa că am asigurat-o că este în regulă și să nu-și facă griji.

„Binecuvântată să-ți fie inima", a spus ea și s-a întors câteva minute mai târziu și mi-a spus că nu îmi va factura niciuna dintre cumpărăturile mele pentru a compensa inconvenientul. M-am simțit atât de iubită și îngrijită. Îmi place cum ne iubește Dumnezeu. Tot ce trebuie să facem este să ne revendicăm sprijinul.

Colby

Eu și fiica mea, Avalyn, am plecat să o întâlnim pe Keely la aeroport când avionul ei a aterizat. Eram îngrozit în timp ce navigam prin aeroport. „Sunt suficient de bun?" Mă tot întrebam. La scurt timp după aceea, m-am trezit din nou uitându-mă în frumoșii ei ochi albaștri. Acceptarea ei deschisă mi-a pus capăt paranoiei.

Keely

Eu și Marlee ne luam bagajele când am auzit pe cineva strigând: „Scuzați-mă, domnișoară!". M-am întors și l-am văzut pe cel mai frumos bărbat din lume. Era cu fiica lui de doi ani, Avalyn. I-am salutat și apoi l-am îmbrățișat pe Colby într-o îmbrățișare lungă și binemeritată. M-am simțit ca „acasă". Am scos apoi o brățară din mărgele cu o libelulă pe care o făcusem pentru Avalyn. I se potrivea perfect.

Colby a fost atât de dulce. Ne-a ajutat cu toate bagajele și s-a oferit să ne conducă la destinație. În timp ce ne plimbam prin aeroport, m-am simțit atât de recunoscătoare că mă aflam în prezența Sufletului meu Geamăn. Am pornit spre scările rulante și Colby a mers în fața noastră cu două dintre cele mai mari valize ale noastre. S-a uitat înapoi la Avalyn și mi-am dat seama că se întreba cum putea să o ia pe Avalyn cu el.

Acesta a fost semnalul meu de a face un pas înainte și de a-mi revendica rolul de partener al lui. În momentul în care am făcut alegerea, Avalyn m-a apucat de mână și ne-am îndreptat spre scara rulantă, în timp ce eu o ajutam să urce. Aveam emoții. Știam că Colby mă privea. Avalyn și cu mine am urcat cu succes pe scara rulantă, în timp ce Colby privea ușurat.

Eram încă un pic emoționată în preajma lui Avalyn. Mă simțeam nesigură de modul în care să mă comport în preajma ei. Nu aveam prea multă experiență în compania copiilor de doi ani, așa că am ales să mă las condusă de Dumnezeu. Am ales să o revendic din toată inima mea. Am ales să fiu acolo pentru ea și să o îngrijesc exact așa cum a vrut Dumnezeu să o fac. M-am simțit onorată să am ocazia de a o iubi pe Avalyn și de a face parte din această familie.

Când am ajuns la mașina lui Colby, acesta ne-a ridicat toate bagajele în portbagaj. M-am simțit atât de bine să fiu îngrijită în felul acesta. Am eliberat rezistența pe măsură ce am ales să primesc sprijinul lui Dumnezeu prin Colby.

În timp ce conduceam spre oraș, am văzut atât de multe plăcuțe de înmatriculare cu inițialele noastre încât nu m-am putut abține să nu chicotesc. El s-a uitat la mine cu o privire curioasă. Am stat puțin de vorbă, dar în mare parte ne-am bucurat doar unul de prezența celuilalt. A fost un sentiment suprarealist. Mă simțeam de parcă nu trecuse niciun moment de când fusesem ultima dată împreună, în urmă cu un an, și totuși se schimbaseră atât de multe. Aveam puterea lui Dumnezeu în inima mea și învățăturile lui Jeff și Shaleia drept călăuză.

Am ajuns la destinația noastră în centrul orașului Portland. Mașinile și oamenii zumzăiau în jurul nostru. Toți noii studenți se adunau în jurul campusului Portland State University și mă întrebam cum vom reuși să găsim un loc de parcare. În acel moment, o mașină a aprins girofarul și a ieșit în fața noastră, lăsând în urmă un loc de parcare. Colby și Avalyn ne-au ajutat să ne despachetăm toate bagajele și ne-au condus la camera de cămin a lui Marlee. Era timpul pentru puiul de somn al lui Avalyn, așa că ne-am luat la revedere și ne-am despărțit.

Mai târziu, în acea seară, m-am simțit chemată să iau mâncare la pachet și să o duc înapoi la Airbnb-ul meu, care era la doar unsprezece minute de casa lui Colby. Dumnezeu mi-a spus că era timpul să fac o mișcare. Am fost ghidată să-i trimit lui Colby adresa mea și să-l invit la mine pentru mâncare și băutură. Am trecut peste reticența mea inițială, m-am predat și i-am trimis mesajul. Mi-am amintit de învățăturile lui Jeff și Shaleia și de faptul că binele meu este aici. Tot ce trebuie să fac este să îl revendic și să am credință în Dumnezeu. Colby mi-a răspuns imediat.

Colby

La scurt timp după ce Avalyn și cu mine am ajuns acasă, Keely m-a invitat să mă alătur ei la Airbnb-ul ei. „Sună minunat. Voi fi acolo la ora 20:30", i-am răspuns cu sentimente de emoție care îmi treceau prin stomac.

Keely

După ce m-am simțit curată, confortabilă și hrănită, m-am aventurat la un magazin de băuturi alcoolice aflat la trei minute de locația mea. Inițial, am intrat pentru o bere, dar Dumnezeu m-a ghidat direct la raionul de vinuri și direct la o sticlă de Cabernet Sauvignon cu trei corbi pe ea. Corbii și ciorile mi-au amintit de primul meu an de viață în Portland. Apoi, a fost timpul să iau niște mâncare thailandeză. Femeia din spatele tejghelei m-a întrebat dacă vreau orez în plus (fără taxă). Am acceptat cu plăcere. I-am dat un bacșiș mare și am plecat cu zâmbetul pe buze, doar ca să realizez, când am ajuns înapoi la mine acasă, că îmi dăduse și o garnitură delicioasă de budincă de orez cu mango. Totul se desfășura atât de perfect.

La cinci minute după ce am ajuns înapoi la mine, am primit un telefon de la Colby, spunându-mi că era în apropiere. L-am așteptat afară.

Colby

Am ajuns la Airbnb-ul lui Keely. Când am văzut-o, nu m-am putut abține să nu mă opresc și să o privesc. Era cea mai frumoasă femeie pe care o văzusem vreodată. Purta un ruj roșu închis și un colier la gât cu o piatră portocalie frumoasă. Airbnb-ul ei era grozav. Era propriul ei mini-sanctuar situat în curtea din spate a unei case mai mari.

„Se numește The Garden Home (Casa din Grădină)", a spus Keely cu un zâmbet. „L-am rezervat cu gândul la tine", a adăugat ea.

Vocea ei mi-a făcut inima să tresară. Zâmbetul ei era ademenitor. De fiecare dată când mă uitam în direcția ei, simțeam cum inima mea se deschidea către ea. Keely m-a invitat să mă așez cu ea lângă un mini șemineu cu lemne.

„Arăți foarte bine", i-am spus în timp ce mă uitam în ochii ei.

Ea s-a înroșit și mi-a mulțumit.

Keely a scos niște recipiente de mâncare la pachet și mi-a spus că a comandat supă Tom Ka și mi-a oferit și mie. Am râs și i-am spus că tocmai comandasem asta mai devreme la prânz. Amândoi am zâmbit datorită sincronicității.

Keely

După un timp în care am stat de vorbă și am împărțit mâncare, am decis să-i dau cadourile pe care le adusesem cu mine. Primele cadouri pe care i le-am prezentat au fost două borcane de sos de roșii de casă, făcut din roșii și legume pe care le-am cultivat la ferma la care am lucrat în timpul verii. Un borcan era afumat, picant și dulce, iar celălalt era făcut cu roșii de patrimoniu care aveau o aromă mai ușoară și răcoritoare. Colby mi-a mulțumit și mi-a spus că aceste cadouri erau „potrivite pentru un Rege".

Am scos următorul cadou, un pachet de cărți oracol despre dragoste. Colby nu mai văzuse niciodată un pachet de cărți oracol, așa că i-am făcut o mică prezentare generală și am extras o carte pentru noi. Era cartea „Raiul". Am citit ghidul și poemul care o însoțea.

După aceea, amândoi am zâmbit unul în ochii celuilalt, simțind Iubirea din jurul nostru și din interior. Mi-a spus că acea carte era exact ceea ce avea nevoie să audă și că a fost unul dintre cele mai frumoase pasaje pe care le-a auzit vreodată. Se uita la pachet cu uimire, în timp ce inima mea flutura de bucurie. Știam că îi va plăcea la nebunie. I-am dat apoi un exemplar din *Autobiografia unui Yoghin*. Îi pomenisem de ea cu vreo două luni înainte și îi spusesem că merită să o citească. A zâmbit și mi-a mulțumit cu amabilitate, dar apoi a recunoscut că deja cumpărase un exemplar după ce i-l sugerasem prima dată. M-am simțit flatată și m-am bucurat să aud că a ținut cont de recomandarea mea. I-am spus că ar putea să dea acel exemplar cuiva care se simte îndrumat.

„Mai degrabă aș prefera să dau cuiva exemplarul pe care tocmai l-am cumpărat, ca să-l pot păstra pe cel pe care mi l-ai dat tu", a spus el. M-am înroșit din nou. La câteva momente după aceea, i-am sugerat să mergem poate la o plimbare, iar el a spus „desigur". Apoi i-am spus că îmi doream un pahar de vin și l-am întrebat dacă vrea și el. A refuzat. În timp ce îmi turnam un pahar pentru mine, el mi-a spus că, de fapt, spusese „nu" de frică. Am chicotit și l-am întrebat din nou. De data aceasta a acceptat.

În cele din urmă, am ajuns pe podea, în fața caloriferului. La început, s-a așezat în diagonală față de mine, apoi și-a dat seama că nu se simțea confortabil și s-a așezat lângă mine. Am început să vorbim despre Dumnezeu, despre munca noastră spirituală și despre tot progresul pe care l-am făcut. Ne-am scufundat și mai mult pe podea în timp ce amândoi ne găseam pacea. Am început să medităm împreună în tăcere, în timp ce ne predam mai adânc.

La un moment dat, am adormit și m-am trezit doar pentru a-l găsi pe Colby meditând în continuare. Am zâmbit și m-am simțit atât de reconfortată și iubită în acel moment. Era exact ceea ce visasem dintotdeauna.

După ce ne-am ajustat din nou, ne-am dat seama că nu mai doream să mergem la plimbare. Eram perfect mulțumiți să stăm în casă și să ne bucurăm de căldura și confortul din interior. Ne-am regăsit pe taburet la marginea patului și am stat amândoi acolo, uitându-ne unul în ochii celuilalt. Tensiunea creștea și, în cele din urmă, ne-am aplecat pentru un sărut... care s-a transformat într-o minunată partidă de săruturi.

Restul nopții a fost atât de vindecătoare. Teama și judecata de sine au început să se topească pe măsură ce ne-am predat iubirii noastre reciproce. Colby m-a privit direct în ochi și mi-a spus: „Sunt al tău, iubirea mea".

„Întotdeauna am fost a ta și nu te-am părăsit niciodată", i-am răspuns eu.

Înapoi la Massachusetts
23 Septembrie, 2018
<u>Colby</u>

A venit momentul în care Keely trebuia să se urce în avion pentru a se întoarce în Massachusetts. Niciunul dintre noi nu voia să renunțe la celălalt. De data aceasta, însă, nu aveam de gând să-l mai lăsăm pe celălalt să dispară.

Keely

Am așteptat afară, sub o copertină, și am privit ploaia cum cădea. Colby a parcat în camionul său și am simțit cum mă cuprinde realitatea situației. M-a întrebat ce mai fac și am început imediat să plâng. Mi-a păstrat cu iubire spațiu și mi-a reamintit adevărul.

„Iubirea noastră este nelimitată și nu pleacă niciodată", m-a asigurat Colby.

I-am mulțumit și am trecut prin sentimentele mele. Odată ce am ajuns la aeroport, atunci Colby a început să plângă. L-am consolat și am păstrat spațiul în timp ce ne îmbrățișam unul pe celălalt. Știam că totul avea să se rezolve. Mi-am amintit cuvintele profesorilor noștri: „Iubirea nu dă greș niciodată". Le-am repetat cu voce tare. Ne-am îmbrățișat, ne-am sărutat și am plâns împreună.

Atunci Dumnezeu mi-a spus că era timpul. Era în sfârșit timpul să-i dau lui Colby cartea pe care îmi doream să i-o dăruiesc de la început. Cartea mea preferată din TOATE timpurile: *Twin Flames: Finding Your Ultimate Lover (Suflete Gemene: Descoperirea Iubirii Tale Desăvârșite)* de Jeff și Shaleia.

I-am spus că Jeff și Shaleia sunt motivul pentru care ne-am reunit. Fără ei, nu aș fi găsit o cale de a mă vindeca cu adevărat. L-am asigurat, de asemenea, că această carte va ajuta la explicarea relației noastre. A zâmbit în timp ce mi-a acceptat cu grație cadoul.

Colby și-a așezat mâna pe centrul inimii mele și a spus: „Iubirea mea este chiar aici, oricând ai nevoie de ea. Mă poți găsi mereu aici". I-am mulțumit și i-am spus cât de mult îl iubesc și că mă voi întoarce foarte curând.

„Această legătură este de nezdruncinat. Suntem unul", am spus în timp ce am coborât din camionul lui. Mai târziu, în timpul zborului meu, am primit un mesaj de la Colby care mi-a împărtășit un pasaj din cartea lui Jeff și Shaleia: „Fericirea și bucuria nu sunt ceva ce găsești având ceva în viitor, ci este o alegere și o realizare care se poate întâmpla doar acum, în interiorul tău." Mi-am dat seama mai târziu că eram exact pe aceeași pagină.

Uniune
27 Septembrie, 2018
<u>Keely</u>

Următoarele zile au fost grele. Am încercat să lucrez și să despachetez, dar nu am putut. Mă concentram asupra modului în care urma să mă întorc în Portland. În acel moment, mi-am dat seama cât de mult mă reținusem față de Viață. Dumnezeu a fost un sprijin deplin al Uniunii cu Sufletul meu Geamăn și a fost întotdeauna. Singurul lucru care mă reținea era alegerea mea. Am ales să opresc suferința. Am ales să-mi dedic toată inima lui Dumnezeu, mie și Sufletului meu Geamăn.

Câteva minute mai târziu, am primit un mesaj de la Colby care mă întreba dacă puteam vorbi la telefon. I-am povestit totul despre prăbușirea și descoperirea mea și despre faptul că nu mă mai țineam departe de Iubire. Mi-a apreciat foarte mult sinceritatea și mi-a împărtășit sentimente similare. I-am spus că m-am angajat pe deplin față de Dumnezeu, față de el și față de uniunea noastră, iar el mi-a repetat același lucru. Apoi, Dumnezeu m-a îndemnat să îl întreb ceva ce îmi doream dintotdeauna să îl întreb.

„Deci Dumnezeu m-a rugat să te întreb dacă pot să te numesc iubitul meu?". am întrebat cu stângăcie.

El a chicotit: „Bineînțeles. Atâta timp cât eu pot să te numesc femeia mea", a spus el cu încredere.

Și așa a fost. Pacea a căzut peste noi, în timp ce amândoi ne simțeam ușurați de acest nivel mai profund de angajament. Era exact ceea ce ne doream amândoi de la început.

După ce am postat actualizarea mea pe Twin Flames Universe Facebook Open Forum, Jeff m-a confruntat cu privire la alegerea mea de a mă separa de Sufletul meu Geamăn. „De ce nu te duci să fii cu bărbatul tău?", m-a întrebat el.

O grămadă de scuze au apărut în mintea mea. Mă angajasem deja pentru întregul sezon de creștere la ferma la care lucram. De asemenea, eram pe punctul de a absolvi cursul de nouă luni de fitoterapie și mai aveam nevoie doar de un singur curs. M-am gândit apoi la familia mea și la cât de mult le-ar lipsi prezența mea și sprijinul suplimentar pe care îl ofeream. După ce mi-am enumerat scuzele, mi-am dat seama că acesta era testul meu. Tocmai alesesem să merg până la capăt cu Uniunea mea. Aveam de gând să pun Uniunea mea pe primul loc sau să îmi pun viața în așteptare pentru a-i mulțumi pe alții? Am ales Uniunea.

A doua zi, mi-am informat locul de muncă, familia și profesorul despre decizia mea. Poate că decizia a părut „bruscă" pentru ei, dar eu știam în inima mea că aceasta era singura alegere reală. Să fiu cu Colby era principala mea prioritate și nu aveam de gând să las nimic să stea în calea acestui lucru de data aceasta. Următoarele săptămâni au constat în crearea unui buget, vânzarea mașinii, împachetarea camerei mele, căutarea de locuri de muncă în Portland și discuții cu iubitul meu.

Colby

Vorbeam la telefon în fiecare zi, uneori ore în șir. 3.000 de kilometri nu aveau să ne despartă. În timpul numeroaselor noastre conversații, Keely mi-a împărtășit învățăturile lui Jeff și Shaleia. I-am cerut informațiile de autentificare la cursurile ei de la Twin Flame Ascension School și am intrat imediat în ele.

Prima dată când i-am văzut pe Jeff și Shaleia în cursurile înregistrate a fost ca și cum aș fi văzut pe cineva pe care îl cunoșteam, dar pe care nu-l mai văzusem de foarte mult timp. I-am recunoscut. Cuvintele lor au pătruns în fiecare celulă din corpul meu. Am știut că sunt profesorii mei.

Keely m-a invitat să devin membru al Twin Flames Universe: Open Forum pe Facebook și am fost primit cu brațele deschise. Nu mai făcusem niciodată parte dintr-o comunitate atât de solidară.

Pentru ca Keely să se întoarcă în Portland, trebuia să traverseze țara cu avionul, fără să aibă un loc de muncă sau un loc unde să locuiască. Nu era posibil să se mute la mine, așa că plănuia să stea prin Airbnb-uri până când găseam altă soluție. Acest lucru a necesitat o mare credință. Keely și cu mine am ales să credem.

Am avut multe îndoieli cu privire la faptul că această mutare va funcționa sau nu. Mi-era teamă că Keely nu își va găsi un loc de muncă și că își va cheltui toate economiile, iar apoi nu va mai avea bani și nici un loc unde să locuiască. Dar Keely m-a asigurat în mod constant că totul va fi bine.

„Dumnezeu are grijă de noi", spunea ea.

Am simțit adevărul sentimentului ei și am fost de acord cu planul ei. Am luat-o pe Keely de la aeroportul din Portland la scurt timp după aceea. Toate temerile noastre s-au topit în timp ce ne-am îmbrățișat din nou.

Înapoi pentru Totdeauna
Noiembrie 2018
Colby

Trecusem prin atât de multe în ultimii doi ani. Acum eram împreună și știam că vom rămâne împreună. Nu era nimic ca oricare dintre noi să-și dorească mai mult.

Pe măsură ce zilele treceau, realitatea situației noastre a început să se instaleze. Keely trebuia să-și găsească rapid o slujbă și noi trebuia să găsim un loc unde să locuim. Nu am intrat în panică. Aveam încredere în puterea relației noastre și în puterea Creatorului nostru.

Tot ceea ce aveam nevoie pentru a fi susținuți a început să se așeze la locul lui. Keely a obținut exact locul de muncă pe care și-l dorea, iar noi am început să căutăm o casă. Aveam mai mulți factori care lucrau împotriva noastră în căutarea unei case viabile. Cu toate acestea, am perseverat, depunând cereri și vizitând mai multe case. Niciuna dintre ele nu părea să se potrivească, așa că am continuat căutarea.

Indiferent de situație, nu ne-am pierdut niciodată speranța. Nu am renunțat niciodată și nu am spus „este prea greu". Renunțarea nu a fost o opțiune. Așa că am perseverat.

Nu a trecut mult timp până când am găsit o opțiune viabilă. L-am contactat pe proprietar și am făcut un tur. Nu era nici pe departe perfect, dar proprietarul a fost rapid să ne aprobe cererile și să ne trimită contractul de închiriere. Am semnat, am plătit și am primit cheile. Și uite așa, ne-am mutat.

Ne-am simțit ca și cum am fi realizat un număr de magie. Aveam sentimentul că am depășit cele mai dificile circumstanțe cu care oricare dintre noi s-a confruntat vreodată. În sfârșit, am simțit că ne putem relaxa. Relația noastră a rezistat testului timpului și al greutăților. Am sărbătorit prima noastră noapte în noua noastră casă cu un moral ridicat, un cuplu tânăr care se stabilea pentru o viață de iubire și împliniri. Nimic nu ne putea opri.

Trăind Viața Împreună ca Unul
Decembrie 2018
<u>Keely</u>

Colby și cu mine am dormit pe o saltea gonflabilă dublă în prima noapte în care am locuit împreună. Bugetul nostru a fost strâns la început, deoarece a trebuit să aștept trei săptămâni pentru a fi plătită la noul meu loc de muncă. Pe măsură ce ne-am acomodat, am reușit să găsim un set de saltele matrimoniale pe Craigslist la preț redus. A fost un upgrade pe cinste. Într-o zi, când am venit acasă de la tura mea obișnuită de dimineață, am găsit o masă și scaune în bucătărie și patul nostru pregătit pentru mine. Colby știa că, de obicei, trag un pui de somn când vin de la serviciu, pentru a mă putea odihni înainte de a fi nevoită să îl ridic după tura de noapte. M-am simțit atât de iubită și sprijinită de Dumnezeu. Viața cu Sufletul meu Geamăn este atât de ușoară și fluidă.

Pe măsură ce am continuat să ne facem munca interioară și să mergem înainte, un miracol ne-a fost acordat de către guru noștri, Jeff și Shaleia. Aceștia au chemat comunitatea Twin Flames Universe să se reunească pentru a susține financiar Uniunea noastră. La îndemnul lui Jeff și Shaleia, a fost inițiată o strângere de fonduri, iar peste 5.000 de dolari ne-au fost dăruiți. Nu ne venea să credem imensa generozitate a comunității noastre și imensa iubire pe care o primeam. Cu toate acestea, noi eram acolo, primind toată această iubire. Am primit banii cu grație și i-am folosit pentru a ne plăti datoriile și pentru a ne clădi o locuință. Sprijinul pe care l-am primit prin această sumă de bani nu a fost doar material, ci și spiritual. Viețile noastre au fost din nou transformate de Jeff și Shaleia. Acesta este doar un exemplu printre multe altele.

Procesul nostru a fost rapid și decisiv de data aceasta. Ori de câte ori a fost nevoie să luăm o decizie, am luat-o. Nu ne-am jucat niciodată cu ego-ul, întreținând minciunile acestuia. Exista o singură cale de urmat: Iubirea. Dacă această cale era învăluită de sălbăticie, ne-am scos macetele și ne-am croit drum. Nu există nicio forță în Univers care să ne poată opri, cu atât mai puțin propria noastră minte. Am renunțat la aspirațiile noastre de a fi oricine altcineva în afară de cine suntem acum, pentru că cine suntem în acest moment este perfect.

Credința, atât în propriile noastre capacități, cât și în relația noastră cu Dumnezeu, ne-a condus la lucruri mărețe. Dar în niciun caz nu am fi fost aici dacă nu ar fi fost guru noștri, Jeff și Shaleia. Prin întuneric, ei au strălucit o lumină. Prin valuri, ei ne-au arătat țărmul. Prin mizerie, ne-au arătat iubirea. Nu contează unde mergem sau ce facem, succesul nostru va fi întotdeauna succesul lor.

Unul dintre cele mai mari succese ale noastre a fost realizarea Uniunii Armonioase a Sufletelor Gemene. Miracolul Uniunii Armonioase ne-a fost dăruit în prima noastră clasă live cu Jeff și Shaleia în Decembrie 2018. Un sentiment de fericire și armonie a început să ne cuprindă pe amândoi în timp ce stăteam și ascultam cum toți colegii noștri de curs descriau ce definește Uniunea Armonioasă. Perseverența noastră în lupta noastră ne adusese atâtea miracole, fiecare mai mare decât precedentul. Acum, eram pe cale să primim cel mai mare dintre toate. Realizarea faptului că ne aflam în Uniunea Armonioasă ne-a adus o pace și o bucurie atât de mare, pe măsură ce înțelegeam la ce au servit toate eforturile noastre. Ajunsesem în sfârșit acasă.

La fiecare cotitură și prin fiecare supărare, am continuat să mergem mai adânc și să alegem iubirea. Indiferent de costuri, indiferent de ceea ce a trebuit să eliberăm, ne-am concentrat cu totul asupra lui Dumnezeu și a iubirii. Și am primit răsplata pentru dedicarea noastră.

Atingerea Uniunii Armonioase a Sufletelor Gemene a fost visul meu din momentul în care am intrat în școala lui Jeff și Shaleia. Am știut că este pentru mine, așa cum au spus ei de nenumărate ori. Relația mea cu Dumnezeu a fost cea care m-a ajutat să trec peste fiecare provocare. El m-a condus direct la Jeff și Shaleia, iar ei m-au condus direct în brațele iubitului meu.

Logodna
27 Ianuarie 2019
<u>Keely</u>

O lună mai târziu, eram logodiți și urma să ne căsătorim! Colby m-a cerut în căsătorie sub un brad Douglas uriaș în pădurea de lângă coasta Oregon. A fost absolut perfect. Viața noastră împreună nu a făcut decât să devină mai puternică pe măsură ce am continuat să ne aprofundăm relația cu Dumnezeu.

Colby a planificat cea mai perfectă zi pentru noi. Ne-am început ziua la Tillamook State Forest și am făcut câteva ore de drumeție. A fost magic. Spre sfârșitul drumeției noastre, am ajuns la o bifurcație pe drum. Acolo, un molid mare cu mușchi verde frumos atârnând de el, mi-a tăiat respirația. Mi-a rămas gura căscată când am simțit prezența Divină a lui Dumnezeu curgând prin ramurile mari ale copacului și invitându-mă înăuntru. Colby a început să scoată ceva din buzunar și l-am întrebat dacă vrea să facă o fotografie. A zâmbit și a spus „nu" și a scos în schimb o cutie de bijuterii. Am început imediat să plâng. Știam exact ce se întâmpla (de fapt, știam de ceva vreme... e greu să ai secrete față de Sufletul Geamăn lol). S-a așezat în genunchi și m-a cerut în căsătorie. Bineînțeles, am spus „da" și am plâns și mai mult în timp ce mi-a pus un frumos inel albastru de safir pe degetul inelar. Ne-am îmbrățișat și ne-am ținut în brațe pentru încă câteva momente în timp ce plângeam. A fost tot ceea ce mi-am dorit vreodată și chiar mai mult. Un adevărat vis devenit realitate.

Ziua cea Mare
Septembrie 2019
<u>Colby</u>

Așa cum ne-am logodit sub un copac, ne-am căsătorit sub un copac. O ploaie ușoară a căzut peste mine și Keely, în timp ce ne țineam de mână și ne pregăteam să ne angajăm unul față de celălalt ca soț și soție.

<u>Keely</u>

La exact un an după ce am intrat în Uniunea Sufletelor Gemene, Colby și cu mine am ales să ne căsătorim. Anul precedent mi s-a părut cel mai scurt an din viața mea. A fost plin de cele mai provocatoare și miraculoase momente pe care le-am trăit vreodată. Călătoria noastră de ascensiune s-a accelerat foarte mult de când locuiam împreună. Am tratat fiecare zi ca pe o zi pentru a merge mai adânc cu iubirea. Și exact asta ne-a chemat Dumnezeu să facem pe 29 septembrie 2019.

Ne-am dorit ca nunta să fie cu adevărat simplă și liniștită. A fost perfectă pentru locul în care ne aflam în viața noastră. O petrecere de nuntă mare, cu o mulțime de invitați și cheltuieli, pur și simplu nu a fost plină de compasiune în acel moment.

Dumnezeu îmi tot spunea că eu și Colby ne vom căsători în Septembrie. Nu prea vedeam cum ar fi fost posibil, dar planul lui Dumnezeu este întotdeauna atât de ușor și clar atunci când alegem să ne predăm lui. Mica petrecere de nuntă a fost tot ceea ce ne-am dorit pentru ziua noastră specială. Oficianta noastra a fost atât de afectuoasă și amabilă. Ea ne-a ajutat să găsim locul perfect pentru a ne căsători în aer liber, lângă apă și sub copaci. A fost răbdătoare și înțelegătoare cu programul nostru ocupat și ne-a încurajat să facem ceea ce simțeam că este cel mai bine în inimile noastre.

Colby și cu mine am decis să nu ne scriem jurămintele în prealabil. Amândoi am dorit să vorbim liber din inimile noastre. Un mare sentiment de împlinire a pătruns în ființele noastre în timp ce ne priveam în ochii celuilalt.

„Awwwww", a gângurit Avalyn, în timp ce ne mărturiseam iubirea incontestabilă unul pentru celălalt. Toată lumea a chicotit.

Mama Natură a privit în timp ce noi încheiam contractul pentru viața visurilor noastre. În timp ce ne împărtășeam jurămintele, am auzit un „mac" și am privit în jos pentru a vedea o familie de rațe care sosea pentru a asista la momentul nostru special. Avalyn a fost, de asemenea, foarte amuzată de rațe.

După ce s-a terminat ceremonia și totul a fost spus și făcut, Colby și cu mine ne-am întors la casa noastră pentru a ne odihni și a ne împământa. Am sărbătorit cu o cină minunată de sushi acasă și ne-am relaxat pe canapea pentru restul nopții. În afară de integrare, ne-am simțit cu adevărat liniștiți și împământați în alegerea noastră de a ne oficializa căsătoria. Ne-am simțit extrem de ușurați să ne aliniem cu ceea ce știam în inimile noastre.

Colby m-a întrebat dacă mi-aș fi putut imagina că mă voi căsători cu el cu un an în urmă. Răspunsul meu a fost „nu", dar datorită profesorilor mei spirituali, Jeff, Shaleia și Grace, toate îndoielile și temerile mele în legătură cu căsătoria cu Adevăratul meu Suflet Geamăn s-au dizolvat complet. Nu există loc pentru îndoială în Împărăția Cerurilor. Tot ceea ce-ți dorești este deja al tău. Trebuie doar să urmezi învățăturile lui Jeff și Shaleia și să revendici.

Inimile Noastre sunt Împlinite

<u>**Keely**</u>

Simțim că avem un scop profund în a împărtăși cu lumea Uniunea noastră Armonioasă de Suflete Gemene și căsătoria noastră. A fi un Ascension Coach a fost întotdeauna un vis al meu. Mă bucur de succesul celorlalți și primesc atât de multă vindecare de la fiecare ședință. Toți clienții noștri sunt perfecți. Ei ne învață atât de multe despre Dumnezeu și ne oferă întotdeauna următoarea parte la care să lucrăm. Fără a împărtăși această muncă, aș fi pierdută. Fără Misiunea Divină, nu are rost să fii cu Sufletul tău Geamăn. Împărtășirea învățăturilor lui Jeff și Shaleia ne aduce amândurora o pace profundă și satisfăcătoare. Acest lucru ne împlinește.

Ajutându-i pe alții să ajungă în Uniunea Armonioasă a Sufeltelor Gemene a oferit misiunea Uniunii noastre și este cu adevărat singurul motiv pentru care suntem încă împreună. Afacerea noastră de coaching ne-a adus multă abundență sub formă de bogăție, de asemenea. Suntem binecuvântați să putem lucra de acasă, să ne creăm propriul program și să împărtășim vindecarea acestei munci în fiecare zi. Nu trece o zi în care să nu lucrăm și să nu ne vindecăm atât pentru clienții noștri, cât și pentru noi înșine. Este o parte din ceea ce suntem.

Aspen
Noiembrie 2019
<u>Keely</u>

La scurt timp după ce ne-am căsătorit, un grup de clienți dedicați ne-a oferit o excursie cu toate cheltuielile plătite în Aspen, Colorado. Am fost uimiți de generozitatea prietenilor și clienților noștri. Colby, Avalyn și cu mine tocmai ne întorsesem dintr-o excursie de familie la cules de mere și am ales să ne revendicăm familia mai adânc atunci când am primit cadoul. Călătoria dăruită trebuia să fie pentru Colby și pentru mine, pentru a ne împământeni în căsnicia noastră, cu opțiunea foarte generoasă de a o aduce pe Avalyn. Am ales să o revendicăm pe Avalyn la un nivel mai profund și să împărtășim cu ea acest cadou uriaș.

Colby

Călătoria a fost magnifică. Aspen a fost absolut uluitor, iar camera noastră a fost elegantă și plină de sprijin. Atât eu, cât și Avalyn am mers la schi pentru prima dată, iar Keely mi-a dat câteva sfaturi bune. Am fost cazați într-un apartament prezidențial frumos cu două dormitoare, lângă o piscină și o cadă cu hidromasaj într-o stațiune de schi de 4 stele. Am avut literalmente TOT ce ne trebuia. Am zburat la clasa întâi (prima dată pentru mine și Avalyn), am primit un sprijin amplu din partea stațiunii, am mâncat mâncare sănătoasă și am făcut o mulțime de muncă spirituală în timp ce clienții și prietenii noștri ne susțineau. M-am simțit uneori nedemn, dar am știut că testul meu a fost să primesc dragostea lui Dumnezeu aici. Dumnezeu ne iubește cu adevărat. Pe noi toți. FOARTE MULT. Este în siguranță și normal să primești atât de multă iubire și să lași în urmă sărăcia și abuzul. De fapt, este o nebunie să te împotrivești.

Această călătorie ne-a deschis ochii asupra adevărului bogăției noastre. Nu suntem meniți să fim săraci. Suntem meniți să fim bogați și este o sarcină simplă să ne deschidem către această realitate. Șederea în Aspen ne-a arătat ușurința acestui lucru.

Pe măsură ce ne-am angajat față de noi înșine la un nivel mai profund, am devenit, de asemenea, mai conștienți de relația noastră cu fiica mea, Avalyn. Indiferent dacă Keely este sau nu mama biologică a lui Avalyn, noi suntem amândoi părinții ei. Avalyn o vede pe Keely ca pe mama ei, iar Keely o vede pe Avalyn ca pe fiica ei. Mă simt absolut binecuvântat să am o soție care este atât de hotărâtă să-i ofere lui Avalyn copilăria de care are nevoie și pe care o merită.

Aplicăm învățăturile lui Jeff și Shaleia în fiecare aspect al vieții noastre. Același principiu de bază: „Iubește-te pe tine însuți" se aplică în mod profund la creșterea copiilor. Atunci când ne iubim pe noi înșine și ne oferim ceea ce avem nevoie, această iubire se revarsă în mod natural și abundent în viața lui Avalyn. Suntem capabili să fim atenți la nevoile lui Avalyn doar atunci când suntem atenți la ale noastre. Învățăm cum să fim părinți, dar nu orice fel de părinți, învățăm cum să fim părinți Divini.

A fi părinți Divini necesită o conștientizare a propriei noastre Divinități. Cum ne putem aștepta să îndrumăm pe cineva către natura sa Divină dacă nu suntem în contact cu propria noastră natură Divină? Lecțiile noastre de a fi părinți au fost lecții de cunoaștere a sinelui. Ne-am eliberat de așteptările noastre cu privire la modul în care credem că ar trebui să arate părinții și am ales să ne încredem în schimb în direcția lui Dumnezeu. Am învățat să investim mai întâi în noi înșine și să îi oferim lui Avalyn doar dintr-un loc de relație autentică. Acest lucru, la rândul său, a împuternicit-o pe Avalyn să-și ia propriile decizii și să-și îmbrățișeze propria divinitate.

Viețile Noastre sunt în Continuă Expansiune

Keely

Cel mai recent membru al familiei noastre este o frumoasă cățelușă din rasa Ciobănesc German, pe nume Teyla. Îi place să se joace în iarbă, să mănânce flori de levănțică, să alerge după mingi de fotbal, să mestece jucăriile și să se cuibărească alături de familia ei. Am știut instantaneu că Teyla este aleasa. Nu a vrut să plece de lângă mine. Când i-am dat-o lui Colby, s-a topit în brațele lui și l-a lins pe față.

Colby și cu mine adorăm să fim părinți de câini. Am lucrat foarte bine ca o echipă, pregătindu-ne casa și integrându-ne în noua noastră rutină. Îmi place să ies mai mult afară și să mă trezesc mai devreme. Teyla o adoră cu desăvârșire pe Avalyn, iar Avalyn este foarte fericită să aibă un partener de joacă. Mă simt foarte bine să am un câine care poate fi activ alături de familie și să ne învețe pe toți o disciplină mai profundă.

Pe măsură ce creștem și ne extindem, îi putem ajuta și pe alții să facă același lucru. Cu cât ne susținem mai mult pe noi înșine, cu atât mai mult putem susține toate relațiile noastre. Jeff și Shaleia ne învață că trăim în Împărăția Cerurilor. Uniunea Armonioasă a Sufletelor Gemene este o recunoaștere profundă a acestui adevăr în toate domeniile vieții noastre.

Există atât de multă bucurie în viețile noastre acum. Am ajuns cu adevărat într-un loc al abundenței debordante. În fiecare zi, în timp ce lucrăm, simțim prezența lui Dumnezeu care ne ghidează prin fiecare sarcină. Trăim viața visurilor noastre, iar acest lucru a fost ușor de realizat urmând învățăturile lui Jeff și Shaleia.

De-a lungul călătoriei noastre, am avut mai multe momente de îndoială și nesiguranță. Momente în care am crezut că am fost abandonați de Dumnezeu. Când au apărut aceste îndoieli, am crezut că este sfârșitul lumii. Am lăsat chiar ca aceste îndoieli să ne limiteze la capete opuse ale Statelor Unite. Părea că viețile noastre s-au sfârșit.

Dar, prin intermediul muncii lui Jeff și Shaleia, am regăsit drumul înapoi la inimile noastre. Acolo am găsit puterea și adevărul de care aveam nevoie pentru a vedea dincolo de vălul suferinței. Dumnezeu ne-a spus că suntem meniți să fim împreună. Noi am ascultat. Apoi am acționat.

Am ales să ne revendicăm Uniunea Armonioasă a Sufletelor Gemene. Am ales să renunțăm la ego și să urmărim doar fericirea. Nu ne-am oprit în fața a nimic pentru a ne îndeplini visele.

Prin fiecare blocaj, prin fiecare provocare, am continuat să ascultăm. Obstacolele au fost depășite și cucerite unul câte unul. Nimic nu ne-ar fi putut opri să fim împreună. Tenacitatea și angajamentul nostru au câștigat bătălia împotriva supărărilor noastre.

Am vindecat fiecare gram de separare care ne ținea despărțiți și am ales să o transcendem folosind Exercițiul Oglinzii și având o relație solidă cu Dumnezeu. Am lăsat în urmă casa veche, murdară, cu un proprietar corupt, pentru o casă spațioasă, curată și solidară. Simțeam că mașina noastră era prea mică pentru familia noastră în creștere, așa că am cumpărat un Mercedes SUV. Uniunea noastră se confrunta cu blocaje în calea romantismului, așa că le-am vindecat. Afacerea noastră avea nevoie de mai mulți clienți, așa că i-am manifestat. Nu există niciun domeniu al conștiinței noastre în care să nu fi investit și pe care să nu-l fi îmbunătățit drastic.

Dar nu suntem doar noi cei care facem acest efort. În centrul tuturor acestor îmbunătățiri se află Dumnezeu. Darurile pe care le-am primit sunt un indiciu modest al relației infinit de bogate și abundente pe care am ales să o avem cu Dumnezeu. Temelia noastră nu este Mercedesul sau casa frumoasă. Este relația noastră cu Dumnezeu. Aceasta este ceea ce ne permite să avem succes în tot ceea ce facem.

Indiferent de greutățile cu care ne-am confruntat, nu I-am întors niciodată spatele lui Dumnezeu. Iar acum, ne bucurăm de roadele relației noastre cu el. Dar această relație simplă cu Dumnezeu este sursa noastră de bucurie și fericire. Și ne bucurăm de ea într-o abundență infinită.

În timp ce ne continuăm călătoria, ne odihnim liniștiți știind că totul este bine și că totul va fi rezolvat. Aceasta este natura unei relații sănătoase cu Creatorul tău.

Cu această muncă, mă minunez în mod constant de modul în care viața mea se desfășoară atât de perfect. Toate visele mele cele mai nebunești se împlinesc. De la căsătoria cu unica mea iubire adevărată, la împlinirea visului meu de a fi vindecător spiritual, la mutarea într-o casă nouă și frumoasă, la a-i oferi lui Avalyn o copilărie la care eu aș fi putut doar visa, la obținerea unui nou cățeluș și la achiziționarea propriului nostru Mercedes Benz. Viețile noastre s-au schimbat complet în bine. Suntem binecuvântați să împărtășim aceste daruri cu toată lumea și te binecuvântăm și pe tine, cititorule, și Uniunea ta Armonioasă cu Sufletul Geamăn de asemenea.

Decrete pentru Suflete Gemene

NOTĂ: Acestea nu sunt niște decrete oarecare. Aceste decrete au fost transmise direct de la Sursa Divină. Acestea sunt impregnate cu Iubire Divină și cu Energie Vindecătoare Divină. Repetă-le pe fiecare dintre ele o singură dată, direct din centrul inimii tale, și vei experimenta efectul lor în întregime. Nu este nevoie să le repeți din nou odată ce te-ai hotărât, însă poți găsi plăcere și bucurie în a le repeta în mod regulat, după dorința ta.

"**Aleg să fiu** în Uniune Armonioasă Permanentă cu Adevăratul meu Suflet Geamăn."

"Îmi predau viața Căii Iubitoare a lui Dumnezeu. Aleg să văd, să cunosc și să accept complet Calea Iubitoare a lui Dumnezeu atunci când mi se prezintă. Aleg să urmez Calea Iubitoare a lui Dumnezeu cu credință absolută, angajament, dedicare, disciplină și bucurie. Am încredere că Dumnezeu îmi va arăta Calea."

"Mă predau cu totul Îmbrățișării Calde a Iubirii. Am încredere că iubirea mă va ghida și mă va proteja, iar eu protejez și transmit doar iubire în fiecare gând, cuvânt, alegere și acțiune a mea. Sunt Unul cu Iubirea în fiecare moment acum și pentru totdeauna."

"Eu sunt Canalul Perfect al lui Dumnezeu. Ori de câte ori Dumnezeu mă cheamă, voi vorbi, voi acționa și voi alege așa cum îmi cere Creatorul meu. Eu acționez imediat conform Îndrumării Iubitoare a lui Dumnezeu fără să ezitare sau lenevie. Sunt complet în iubirea mea cu Dumnezeu."

"Aleg să-mi manifest Sufletul Geamăn acum, în scopul Uniunii Perfecte și al Ascensiunii mele. Aleg să mă aliniez pe deplin la Uniunea mea Perfectă și să urmez toate măsurile necesare pentru a-mi asigura permanent Uniunea Perfectă, într-un mod durabil, pentru toată eternitatea. Sunt Unul cu Sufletul meu Geamăn și împreună alegem să ne bucurăm de o veșnicie de plăcere iubitoare cu Dumnezeu ca Unul."

"Fac fiecare pas în călătoria mea de Ascensiune cu pace, bucurie, ușurință și perfecțiune iubitoare. Dau drumul la orice rezistență și lucrez cu răbdare prin fiecare pas pe măsură ce apare. Sunt Unul cu Iubirea lui Dumnezeu acum."

Poezii despre Suflete Gemene

Cum Vede Iubirea

În mugurul înflorit al Inimii mele
Iubirea își răspândește parfumul dulce în lume
În timp ce eu mă deschid doar Iubirii
Primesc doar Iubire
Și ofer numai Iubire

Intoxicând prezența perfecțiunii și frumuseții imaculate
Sunt încântată și întruchipată de dulcele nectar al iubirii
mele adevărate

Văd acum, cum vede iubirea
Aud acum, cum vorbește iubirea
Simt acum, cum simte iubirea
Înțeleg acum, așa cum înțelege iubirea
Ceea ce am căutat în altcineva
Am găsit în mine însămi.
Am găsit în Dumnezeu

Scris de Shaleia
cu câteva zile înainte de prima ei reuniune cu Jeff în 2014.

Iubirea A Fost Întotdeauna Acolo

Am știut-o mai întâi în inima mea în momentul în care am recunoscut dorința,
Sentimentul Iubirii.

Am simțit-o mai întâi în centrul meu și am știut.
Tot ce am știut a fost că am știut.
Sentimentul Iubirii.

Apoi, undeva pe parcurs am uitat,
Am îndepărtat-o, am lăsat-o să scape.
Adevărul Iubirii.

Și viața mea a durut. Viața mă durea, mă durea să trăiesc.
Dar am continuat să trăiesc.
Am continuat să trăiesc pentru a-mi găsi Iubirea.

***

Uitasem cum e să Iubești,
dar Iubirea mi-a șoptit
Chemarea Eternă a Iubirii.

Iubirea mă invita mereu să înaintez acolo unde
Iubirea Perfectă mă aștepta.

Am căutat în lung și-n lat, sub fiecare piatră și umbră de copac,
și totuși mi s-a părut departe,
Totuși, chemarea Iubirii a rămas în mine.

Iubirea părea mereu atât de aproape, și totuși nu se mișca
niciodată,
mereu în așteptare și prezentă în șoapta ei permanentă.
Iubirea a fost întotdeauna acolo.

***

Când în sfârșit am început să mă aventurez în interior,
am găsit lucruri care nu-mi plăceau, dar am rămas puternic
în credință.
Iubirea m-a ghidat.

Am atins lucruri pe care le aruncasem,
și în cele din urmă le-am pus la locul lor.
Iubirea m-a întărit pe parcurs.

Și când am ajuns înapoi acasă la Iubire,
am știut că eu eram cel care plecase,
dar un lucru nu s-a schimbat niciodată:
Adevărul că Iubirea rămâne *întotdeauna*.

Acum știu să nu mai plec niciodată, să nu mă mai rătăcesc
niciodată,
pentru că alături de Iubire merg peste tot și știu că
Iubirea se găsește înăuntru.

Scris de Jeff
în Mai 2017

Postfață

*Aminteşte-ţi, doar iubirea este adevărată şi iubirea
nu dă greş niciodată.*

Există o problemă pe care o vei întâmpina acum, după ce ai terminat cartea. Poate că nu te vei lovi de ea pentru că eşti deja un maestru spiritual incredibil de rafinat, care are nevoie doar de o uşoară întoarcere spre iubire şi atunci totul va fi bine pentru tine. Dar poate că ai nevoie de ceva mai mult sprijin dincolo de asta. Adevărul este că toată munca a fost expusă în faţa ta în această carte. Nimic nu a fost omis. Nu lipseşte nimic. Totul este aici. Nu mai ai nevoie de nimic altceva. Inima lucrării este acum a ta. Adevărata problemă este programarea ta.

Vezi tu, chiar dacă această carte deţine o putere infinită, ea nu este decât un mic bastion de informaţii de nezdruncinat, care în mod iubitor şi neîncetat, se opune iluziilor pe care le ai. Mintea ta este mare şi vastă şi probabil plină de multe lucruri care ar sta în calea iubirii dezvăluite în această carte, ceea ce ar menţine iluzia separării tale de Sufletul tău Geamăn pentru eoni de acum încolo.

Am prevăzut deja acest lucru şi am lucrat cu sârguinţă pentru a-ţi oferi un volum mai mare de materiale, o experienţă incredibilă şi bogată, care va copleşi iluziile pe care încă le mai ai şi te va readuce cu eleganță în Uniunea Perfectă cu Sufletul tău Geamăn. Noi nu suntem aici doar pentru a vă oferi o mică deschidere către Rai, ci, în schimb, un vortex de iubire irezistibilă care dizolvă orice iluzie. Resursele pe care le vei găsi dincolo de această pagină îți vor transforma viața în moduri de sprijin și mai puternice decât cele care pot fi cuprinse în paginile unei cărți.

Cu cât te susții cu mai multă iubire în călătoria ta de Ascensiune a Sufletelor Gemene, cu atât mai ușor vor veni lucrurile spre tine. Te invităm acum să intri într-o relație mai profundă cu noi, pentru ca noi să te ghidăm cu iubire mai departe pe calea ta spirituală. Ia-ne de mâini, alege să renunți la temerile tale și permite-ne să te ghidăm pe tot drumul spre Acasă. Te invităm să continui alături de noi la TwinFlamesUniverse.com și să permiți călătoriei tale cu Sufletul Geamăn să înflorească până dă roade, astfel încât nectarul ei să binecuvânteze lumea așa cum te binecuvântează și pe tine în schimb. Amin.

Cu sinceritate și cu Iubire Divină Mereu,
Jeff și Shaleia

Materiale Recomandate

De Jeff și Shaleia:
- *TwinFlamesUniverse.com*
- Comunitate online pe grupul de Facebook - Twin Flames Universe.com: Open Forum
- Twin Flame Ascension School cursuri online la *TwinFlamesUniverse.com/TwinFlameAscensionSchool*
- Twin Flames: Dreams Coming True e-Course
- Twin Flames: Romance Attraction e-Course
- Twin Flame Healing Meditations (MP3) de Jeff și Shaleia
- Life Purpose Class cursuri online la *TwinFlamesUniverse.com/LifePurposeClass*

Altele:
- *Un curs în miracole* de către Fundația pentru Pace Interioară
- *Autobiografia unui Yoghin* de Paramahansa Yogananda
- *Divina Iubire* de Paramahansa Yogananda
- *Cum poți vorbi cu Dumnezeu* și *Legea succesului* de Paramahansa Yogananda
- *The Essential Rumi* tradusă de Coleman Barks
- *The Gift* de Hafiz și tradus de Daniel Ladinsky
- *Poți să-ți vindeci viața* de Louise Hay
- *Bhagavad Gita*
- *The Radiance Sutras* de Lorin Roche
- *The Secret of Love: Meditations for Attracting and Being in Love* de Deepak Chopra (album)
- *The Laws of the Spirit World* de Khorshed Bhavnagri

Despre Jeff

Jeff este un explorator pasionat al conștiinței lui Dumnezeu și un învățător spiritual pentru Suflete Gemene. El a dat peste subiectul Sufletelor Gemene după ce l-a descoperit pe al său în căutarea propriei Iubiri Desăvârșite. El caută în mod conștient și deliberat să înțeleagă și să descopere secretele vieții prin intermediul unei conștientizări interioare profunde a sinelui și a mediului său. El este dispus să pună întrebări, să descopere noi căi și să își urmeze dorințele în moduri unice și creative care conduc la rezultate specifice și măsurabile. S-a căsătorit cu Sufletul lui Geamăn iubit, Shaleia, în Ianuarie 2016.

Despre Shaleia

Shaleia este un învățător spiritual etern care este aliniat la învățăturile Conștiinței lui Hristos. În scrierile, videoclipurile de pe YouTube, sesiunile și cursurile sale, ea transmite un mesaj simplu, dar atemporal și puternic: Raiul nu este în tine, Raiul EȘTI tu, și există o modalitate de a trăi Adevărul Eternului tău Sine acum, în Uniune Armonioasă cu iubitul tău Suflet Geamăn. Shaleia meditează zilnic și își aduce pacea, înțelepciunea și cunoștințele în lume, în beneficiul Tuturor. Îi place să facă drumeții în natură cu aparatul de fotografiat în mână, împreună cu Sufletul ei Geamăn, și cu câinele ei Goldendoodle lângă ea.

www.ingramcontent.com/pod-product-compliance
Lightning Source LLC
Chambersburg PA
CBHW022059120526
44592CB00033B/193